Thomas Schneberger

Problemfelder bei der Durchführung von EDV-Projekte
Unternehmen

Bibliografische Information der Deutschen Nationalbibliothek:

Bibliografische Information der Deutschen Nationalbibliothek: Die Deutsche Bibliothek verzeichnet diese Publikation in der Deutschen Nationalbibliografie; detaillierte bibliografische Daten sind im Internet über http://dnb.d-nb.de/ abrufbar.

Copyright © 1998 Diplomica Verlag GmbH
Druck und Bindung: Books on Demand GmbH, Norderstedt Germany
ISBN: 9783838615417

http://www.diplom.de/e-book/217383/problemfelder-bei-der-durchfuehrung-von-edv-projekten-in-transnationalen

Thomas Schneberger

Problemfelder bei der Durchführung von EDV-Projekten in transnationalen Unternehmen

Diplom.de

Thomas Schneberger

Problemfelder bei der Durchführung von EDV-Projekten in transnationalen Unternehmen

Diplomarbeit
an der Fachhochschule für Oekonomie und Management Essen
Juli 1998 Abgabe

Diplomarbeiten Agentur
Dipl. Kfm. Dipl. Hdl. Björn Bedey
Dipl. Wi.-Ing. Martin Haschke
und Guido Meyer GbR

Hermannstal 119 k
22119 Hamburg

agentur@diplom.de
www.diplom.de

ID 1541
Schneberger, Thomas: Problemfelder bei der Durchführung von EDV-Projekten in transnationalen Unternehmen / Thomas Schneberger · Hamburg: Diplomarbeiten Agentur, 1999
Zugl.: Essen, Fachhochschule, Diplom, 1998

Dipl. Kfm. Dipl. Hdl. Björn Bedey, Dipl. Wi.-Ing. Martin Haschke & Guido Meyer GbR
Diplomarbeiten Agentur, http://www.diplom.de, Hamburg
Printed in Germany

Diplomarbeiten Agentur

Wissensquellen gewinnbringend nutzen

Qualität, Praxisrelevanz und Aktualität zeichnen unsere Studien aus. Wir bieten Ihnen im Auftrag unserer Autorinnen und Autoren Wirtschaftsstudien und wissenschaftliche Abschlussarbeiten – Dissertationen, Diplomarbeiten, Magisterarbeiten, Staatsexamensarbeiten und Studienarbeiten zum Kauf. Sie wurden an deutschen Universitäten, Fachhochschulen, Akademien oder vergleichbaren Institutionen der Europäischen Union geschrieben. Der Notendurchschnitt liegt bei 1,5.

Wettbewerbsvorteile verschaffen – Vergleichen Sie den Preis unserer Studien mit den Honoraren externer Berater. Um dieses Wissen selbst zusammenzutragen, müssten Sie viel Zeit und Geld aufbringen.

http://www.diplom.de bietet Ihnen unser vollständiges Lieferprogramm mit mehreren tausend Studien im Internet. Neben dem Online-Katalog und der Online-Suchmaschine für Ihre Recherche steht Ihnen auch eine Online-Bestellfunktion zur Verfügung. Inhaltliche Zusammenfassungen und Inhaltsverzeichnisse zu jeder Studie sind im Internet einsehbar.

Individueller Service – Gerne senden wir Ihnen auch unseren Papierkatalog zu. Bitte fordern Sie Ihr individuelles Exemplar bei uns an. Für Fragen, Anregungen und individuelle Anfragen stehen wir Ihnen gerne zur Verfügung. Wir freuen uns auf eine gute Zusammenarbeit

Ihr Team der *Diplomarbeiten* Agentur

Dipl. Kfm. Dipl. Hdl. Björn Bedey –
Dipl. Wi.-Ing. Martin Haschke ──
und Guido Meyer GbR ────────

Hermannstal 119 k ──────────
22119 Hamburg ───────────

Fon: 040 / 655 99 20 ────────
Fax: 040 / 655 99 222 ───────

agentur@diplom.de ─────────
www.diplom.de ───────────

INHALT

Inhalt 1

Abbildungen 4

1   Einleitung 5

2   Terminologische und thematische Abgrenzungen 6

3   Projektorganisation des transnationalen Projekts 9

   3.1 Projektumfeld und Zieldefinition 9

      3.1.1 Rechtliche Rahmenbedingungen 9

      3.1.2 Finanzwirtschaftliche Problemfelder 14

      3.1.3 Lokale Autonomie 17

      3.1.4 Unterschiedliche Unternehmenskulturen 17

      3.1.5 Mehrsprachigkeit 19

      3.1.6 Personelle Veränderungen im Projektverlauf 19

      3.1.7 Zieldefinition im transnationalen Projekt 20

   3.2 Aufbauorganisation des transnationalen Projekts 22

      3.2.1 Art und Struktur der Aufgabenstellung 23

      3.2.2 Projektorganisationsformen 24

      3.2.3 Dezentrale oder zentralistische Organisation 25

      3.2.4 Zentrierte oder Verteilte Projektdurchführung 26

      3.2.5 Lenkungsausschuß und Sponsor 27

      3.2.6 Projektmanager 29

      3.2.7 Projektteilnehmer 30

   3.3 Ablauforganisation des transnationalen EDV-Projekts 34

      3.3.1 Vielfalt der Kommunikationsprozesse 34

Inhalt

3.3.2   Einsatz technischer Kommunikationsmittel 37

3.3.3   Projektreview-Meetings 38

4   Organisatorische Probleme der Projektrealisierung 39

4.1   Qualitätssicherung und Einhaltung von Standards 39

4.2   Projektcontrolling 39

4.2.1   Projektplanung 40

4.2.2   Projektsteuerung 43

4.2.3   Projektkontrolle 43

4.3   Verfügbarkeit von Softwareprodukten 44

4.4   Auswirkungen auf Projektphasen 45

4.4.1   Analyse 46

4.4.2   Entwurf 50

4.4.3   Entwicklung 52

4.4.4   Prototyping 54

4.4.5   Dokumentation und Hilfesystem 54

4.4.6   Systemeinführung 55

4.4.7   Konfigurationsmanagement 56

4.4.8   Wartung 58

5   Technische Problemfelder der Projektrealisierung 60

5.1   Systemarchitektur des transnationalen EDV-Systems 60

5.1.1   Heterogene Systemarchitekturen 60

5.1.2   Netzwerke 60

5.1.3   Hardware und Betriebssysteme 61

5.1.4   Softwarekomponenten 62

Inhalt

5.1.5   Datenhaltungssysteme 66

5.2   Ablösung von Altsystemen 70

5.2.1   Unterschiedliche Schlüsselsysteme 71

5.2.2   Datenübernahme von lokalen Altsystemen 71

5.2.3   Funktionsübernahme von lokalen Altsystemen 72

6   Zusammenfassung und Ausblick 73

Literatur 74

ABBILDUNGEN

Bild 2.1: Integrierte Netzwerkstruktur 6

Bild 2.2: Der Umfang des transnationalen Projektes 8

Bild 3.3: Kategorien internationaler Projekte 25

Bild 3.4: Zusammenwirken unterschiedlicher Hierarchien und Funktionen 32

Bild 3.5: Kommunikationsbeziehungen im transnationalen Projekt 35

Bild 3.6: Vor- und Nachteile gängiger Kommunikationsmedien 37

Bild 4.7: Zweiphasenmodell transnationaler F&E-Projekte 47

Bild 4.8: Steuerungsmodell eines Informationssystems 52

Bild 4.9: Tätigkeiten eines Entwicklungszyklus 53

Bild 5.10:   Neutrale „Meta-Applikationen" 64

1 EINLEITUNG

Internationale Unternehmen sind auf der Suche nach immer subtileren und effektiveren Unternehmensprozessen und -strukturen, um Vorteile im globalen Wettbewerb zu erlangen. Von der Organisationsform eines transnationalen Unternehmens wird die optimale Anpassung an lokale Bedürfnisse bei gleichzeitiger Ausnutzung globaler Marktmacht erwartet. Das Informationsmanagement innerhalb einzelner Unternehmenseinheiten, und im Gesamtverbund der Unternehmung ist von strategischer Bedeutung. Standortübergreifende EDV-Systeme sind die Voraussetzung für effektives Informationsmanagement.

Die vorliegende Arbeit beschreibt die Problemfelder bei der Durchführung von EDV-Projekten in transnationalen Unternehmen. Die Darstellung von Lösungsansätzen und Handlungsalternativen zu den beschriebenen Problemen kann im Rahmen dieser Arbeit nur eingeschränkt erfolgen. Zu einigen Problemfeldern werden exemplarisch einige Handlungsalternativen angeführt, um zur näheren Charakterisierung des Problems beizutragen.

Kapitel 2 erläutert die verwendeten Begriffe und die der Arbeit zugrundeliegenden Annahmen.

Auf der Basis der in Kapitel 3 erläuterten Rahmenbedingungen im transnationalen Unternehmen wird die Notwendigkeit dezentralisierten und evolutionären Vorgehens bei der Durchführung von transnationalen EDV-Projekten begründet. Die sich aus diesem Ansatz ergebenden organisatorischen und technischen Problemfelder werden in Kapitel 4 und Kapitel 5 beschrieben.

Die in Kapitel 5 dargestellten technischen Problemfelder sind nicht ausschließlich Probleme transnationaler EDV-Projekte. Sie können in dieser oder ähnlicher Form auch bei der Durchführung von internationalen EDV-Projekten in anderen Unternehmensformen vorkommen. Sie werden erläutert, um die Problemfelder bei der Durchführung transnationaler EDV-Projekte möglichst umfassend zu beschreiben.

Aus stilistischen Gründen werden Problemfelder nicht immer direkt als solche apostrophiert, sondern in die Form von wünschenswerten Eigenschaften oder Anforderungen an die Organisation und technische Realisierung von EDV-Projekten in transnationalen Unternehmen gekleidet. Die Probleme bei der Durchführung des EDV-Projekts entstehen aus den unzureichenden Möglichkeiten zur Erfüllung dieser Anforderungen.

2   TERMINOLOGISCHE UND THEMATISCHE ABGRENZUNGEN

Ein transnationales Unternehmen sei definiert als eine Unternehmung, „…bei welcher die Zentrale wohl noch koordinierende und leitende Funktionen ausübt, die einzelnen lokalen Gesellschaften aber über eine hohe Autonomie und auch über einen wesentlichen Einfluß auf die Entscheidungsbildung der Gesamtleitung…"[1] verfügen.

Aus diesem, erstmalig von Bartlett[2] beschriebenen Strukturtyp „… resultiert ein internationales Management mit differenzierten Entscheidungszentren und komplexen Einflußstrukturen auf die Leitung der Unternehmung"[3].

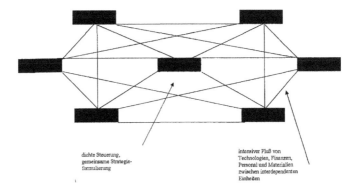

dichte Steuerung,
gemeinsame Strategie-
formulierung

intensiver Fluß von
Technologien, Finanzen,
Personal und Materialien
zwischen interdependenten
Einheiten

Bild 2.1:   Integrierte Netzwerkstruktur[4]

Ein transnationales Unternehmens wird durch ein hohes Maß lokaler Autonomie bei gleichzeitiger Interdependenz und einem intensiven Fluß an Technologien, Finanzen, Material und Personal zwischen den Unternehmenseinheiten charakterisiert. Die Führungsrolle zu einem bestimmten Problem ist nicht fixiert, sondern wechselt zur jeweils kompetentesten Einheit.

„Das Unternehmen wird zu einem integrierten Netzwerk verteilter und interdependenter Ressourcen und Fertigkeiten"[5].

---

[1] RÜHLI (1996), S. 279
[2] Ausführlich in BARTLETT, Ch.A. (1989): Building and Managing the Transnational. The Organizational Challenge, in: Porter, M. E. (Hrsg.) Competiton in Global Industries, Boston, MA 1986 Harvard Business School Press
[3] RÜHLI (1996), S.281
[4] Quelle: KIESER / KUBICEK (1992), S. 268, Abb.4-25.

Im Gegensatz zur direkten Einflußnahme der Zentrale in anderen internationalen Strukturen beschränkt sich die zentrale Instanz im transnationalen Unternehmen vereinfacht dargestellt auf die Vorgabe eines strategischen Rahmenplans, Maßnahmen zum Management des Entscheidungskontextes, die Entwicklung einer länderübergreifenden Organisationskultur und die Lösung von Konflikten, die nicht im verteilten Netz selbst gelöst werden können.[6]

In dieser Arbeit werden einige vereinfachende Annahmen getroffen, die die Aussagefähigkeit der Argumentation nicht mindern, aber die Darstellung erleichtern:

Jede Gesellschaft des transnationalen Unternehmens soll in genau einem Land und dort nur an einem Standort vertreten ist.

Die Begriffe „Standort", „Gesellschaft", „Unternehmen" oder „Unternehmung" werden ebenso wie die Begriffe „standortübergreifend", „unternehmensübergreifend", „länderübergreifend" und „gesellschaftsübergreifend" im Rahmen dieser Arbeit nicht differenziert, sondern synonym verwendet. Der Begriff „lokal" im Zusammenhang mit Abteilung, Gesellschaft oder Unternehmen meint stets „in einem Land" befindlich. Die in anderem Zusammenhang zwingend notwendige Unterscheidung dieser Begriffe ist im Kontext dieser Arbeit nicht von Bedeutung.

Gegenstand des EDV-Projekts sei die Entwicklung eines EDV-Systems, das wesentliche interne und unternehmensübergreifende Arbeitsabläufe der beteiligten Gesellschaften abbildet und unterstützt. Dieses „transnationale EDV-System" soll vollkommen neu entwickelt werden, und nicht auf einem bereits existierenden System basieren.

Um das transnationale EDV-Projekt eindeutig von einem internationalen EDV-Projekt abzugrenzen, soll die Erstellung dieses EDV-Systems nicht von der allen Gesellschaften übergeordneten zentralen Führung direkt initiiert und geleitet, sondern durch die beteiligten Gesellschaften in gemeinsamer Verantwortung durchgeführt werden.

Für transnationale Projekte ergibt sich die in der folgenden Abbildung 2.2 dargestellte Konstellation:

---

[5] BARTLETT, CH.A. (1986): Building and Managing the Transnational – The Organizational Challenge, in: PORTER, M.E. (Hrsg.), Competition in Global Industries, Boston, MA 1986, S. 382, zitiert nach KIESER / KUBICEK (1992), S. 289

[6] Ausführungen der vorangegangenen Abschnitte angelehnt an KIESER/KUBICEK (1992), S. 290f.

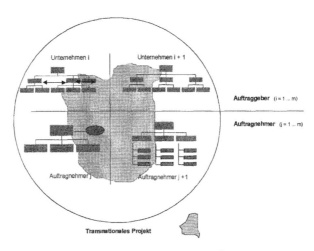

Bild 2.2:   Der Umfang des transnationalen Projektes[7]

Die einzelnen Unternehmen stehen für die Landesgesellschaften des transnationalen Unternehmens, die als „Auftraggeber" des Projektes auftreten. Die Arbeitsabläufe verschiedener Bereiche dieser Gesellschaften sind von dem Projekt betroffen. Auftragnehmer können mehrere Dienstleistungsunternehmen sein, die gemeinsam an dem Projekt arbeiten.

Anstelle von „EDV-Projekt im transnationalen Unternehmen" werden verkürzend die Begriffe „Projekt", „transnationales Projekt" oder „transnationales EDV-Projekt" verwendet.

Eine detaillierte Erläuterung der bei der Beschreibung technischer Problemfelder verwendeten EDV-Begriffe, zum Beispiel „Commit", „Wide-Area-Network", „relationale Datenbank", und andere, würde den Rahmen dieser Arbeit überschreiten. EDV-technische Begriffe werden deshalb als bekannt vorausgesetzt und nicht näher erläutert.

---

[7] In Anlehnung an KORBMACHER (1991), S. 13, Abb. 1-2

3   PROJEKTORGANISATION DES TRANSNATIONALEN PROJEKTS

Aufbau- und Ablauforganisation eines EDV-Projekts stehen in enger Beziehung zu den Rahmenbedingungen innerhalb des transnationalen Unternehmens. Diese Rahmenbedingungen werden durch das Umfeld und die Zieldefinitionen der beteiligten Unternehmen bestimmt.

3.1   PROJEKTUMFELD UND ZIELDEFINITION

Das Projektumfeld wird durch unterschiedliche internationale Rechtsnormen und die grundsätzlichen Eigenschaften der Unternehmensorganisation transnationaler Unternehmen determiniert.

„The two fundamental differences between global and domestic organisations are geographic dispersion and multiculturalism."[8]

Bei transnationalen Unternehmen kommt ein dritter wesentlicher Aspekt hinzu: das Fehlen einer unmittelbar wirkenden zentralen Autorität.[9]

3.1.1   RECHTLICHE RAHMENBEDINGUNGEN

Die rechtlichen Rahmenbedingungen von Softwareerstellung und Nutzung, die Besonderheiten im Verhältnis von Auftraggeber und Auftragnehmer werden in der Literatur intensiv behandelt. Es findet sich hier in vielen Bereichen eine Grauzone mit erheblichem Interpretationsspielraum. Rechtsprechung ist häufig gleichbedeutend mit Rechtsetzung.

Die einzelnen Vertragsgegenstände lassen sich schematisch einteilen in Hardware-Komponenten, Software-Komponenten, Wartung und Pflege, Daten, und Beratung[10].

Für die Durchführung von Projekten im internationalen Umfeld sind insbesondere Fragen der grenzüberschreitenden Lizenzierung, Überlassung und Nutzung von Software von Belang. Berücksichtigt werden müssen ferner Urheberrechtsfragen der Softwareerstellung durch Dritte, besondere Verpflichtungen, die sich bei der Projektdurchführung für Auftraggeber und Auftragnehmer ergeben können sowie Fragen der steuerlichen Behandlung des Transfers von Erzeugnissen und verrechneter Dienstleistungen zwischen den Gesellschaften.

---

[8] ADLER (1991), S. 14

[9] Vgl. SCHNEIDER (1981), S. 210

[10] In Anlehnung an SCHNEIDER (1991a), S.1339

3.1.1.1 RECHTE UND PFLICHTEN VON AUFTRAGGEBER UND AUFTRAGNEHMER

Nach deutscher Rechtsprechung[11] geht „der Auftragnehmer, (der) die Softwareerstellung bzw. Erstellung eines Informationssystems als solches übernimmt[12]" einen Werkvertrag ein.

Als Folge dieser Einstufung „gehört **auch ganz selbstverständlich** die Organisation dieses Projekts, selbst wenn ihm gegenüber eine Ansprechstelle seitens des Auftraggebers benannt wird, zu den Pflichten des Auftragnehmers[13]."

Der Auftraggeber ist demgegenüber nicht per Gesetz verpflichtet, ein Pflichtenheft zu erstellen, das alle Projektanforderungen zweifelsfrei spezifiziert. Auch wenn ergänzende Urteile diese Verpflichtung relativieren und dem Auftraggeber zumindest im Anfangsstadium der Planung die Verantwortung zuordnen[14], kann somit der Erfüllungsort des Vertrages für den Auftragnehmer eines transnationalen EDV-Systems weitreichende Konsequenzen haben. Die durch den Vertrag implizierte Forderung an den Auftragnehmer, verbindliche Aussagen zum Zusammenwirken der zu erstellenden Software mit allen „möglicherweise schon vorhandenen Komponenten oder noch von anderen Lieferanten zu erbringenden Leistungen oder zu liefernden Systemen[15]" zu treffen, bereitet im transnationalen EDV-Projekt, bei dem Hardware- und Software in jedem Land von einer Vielzahl von Anbietern bezogen oder erstellt werden kann, erhebliche Probleme.

3.1.1.2 NUTZUNG UND ÜBERLASSUNG VON SOFTWARE

Im transnationalen EDV-Projekt soll Software erworben oder entwickelt werden, die bei allen beteiligten Gesellschaften eingesetzt wird. Dem stehen grundsätzliche vertragliche Nutzungs- und Überlassungsbeschränkungen entgegen.

Der Käufer darf aufgrund der „Allgemeinen Vertragsbestimmungen" erworbener Software „... die Software nicht vervielfältigen, sie Dritten nicht insgesamt überlassen (weitergeben), er darf sie nur auf einer bestimmten Maschine oder in einem bestimmten Raum benutzen und er muß sie, wenn er den Gebrauch aufgibt, evtl. sogar vernichten oder zurückgeben[16].

---

[11] BORMANN / BORMANN / SCHINDLER (1991), S. 803 zitieren dazu das Urteil des OLG München vom 22.12.1988, CR 1989

[12] SCHNEIDER (1991a), S.1317

[13] SCHNEIDER (1991a), S.1317, Hervorhebung durch den Verfasser.

[14] SCHNEIDER (1991a), S. 1318, zitiert dazu ein Urteil des LG Oldenburg 13.4.89, CR1990, S.201

[15] SCHNEIDER (1991a), S. 1319

[16] SCHNEIDER (1991b), S 1282

Der Vertrag zur Nutzung und Überlassung der Software muß um grenzüberschreitende Weitergabe sowie um die Lieferung mehrsprachiger Dokumentation erweitert werden.

Das Vorliegen mehrsprachiger Dokumentation erhält Relevanz, wenn es um den Nachweis von Mängeln geht. Grundsätzlich gilt, daß nach der Abnahme der Auftraggeber für das Vorliegen eines Mangels beweispflichtig ist. Der Auftraggeber hat jedoch keine Fehlbedienung zu vertreten, die auf einem fehlenden Bedienungshandbuch beruht.[17] Aus diesem Urteil könnten sich bei einem Rechtsstreit über die Mängel eingesetzter Software Interpretationsspielräume für den Fall einer zwar vorliegenden, aber aufgrund von Sprachbarrieren nicht lesbaren Dokumentation ergeben.

Auch wenn in der deutschen Rechtsdiskussion eine Berechtigung zur Weitergabe von erworbener Software durch den Erwerber über die vertragstypologische Einordnung als Kauf abgeleitet wird, und die Wirksamkeit der typischen Allgemeinen Geschäftsbedingungen bei der Software-Überlassung umstritten ist[18], so werden die Rechtsfolgen dieses Vorgehens in der Literatur uneinheitlich beurteilt.

Aufgrund der Beschränkung deutscher Rechtsprechung auf das Hoheitsgebiet der Bundesrepublik Deutschland ist der Abschluß eines unternehmensweit gültigen, oder zumindest projektspezifischen Nutzungs- und Lizenzvertrages zur Vermeidung rechtlicher Auseinandersetzungen anzustreben.

Der Pflegevertrag zur Wartung, Störungsbeseitigung und Überlassung von neuen Versionen der erworbenen Software in wesentlichen Punkten zu erweitern.

Der Lieferant muß sich verpflichten, auch zukünftige Versionen mindestens in allen bei Vertragsabschluß an dem Projekt beteiligten Ländern auszuliefern. Gegebenenfalls sind auch Länder, die später in das transnationale EDV-System eingebunden werden sollen, bereits mit zu berücksichtigen.

Waren projektspezifische Änderungen an Softwareprodukten erforderlich, muß der Lieferant alle zukünftigen Versionen vor Auslieferung den gleichen Veränderungen unterziehen. Die Änderungen dürfen die Wartungsverpflichtung nicht beeinträchtigen.

Die Wartungsverpflichtung selbst darf nicht an einen Erfüllungsort oder eine Untermenge der betroffenen Systemstandorte gebunden sein.

---

[17] Vgl. SCHNEIDER (1991a), S. 1334. Schneider führt das Urteil des OLG Köln, 22.6. 1988, NJW 1988, S. 2477 zum Beleg an.

[18] Vgl. SCHNEIDER (1991b), S. 1284

Da die Nutzungsdauer des EDV-Systems in den Ländern unterschiedlich sein kann, ist die Dauer des Wartungsvertrags gegebenenfalls entsprechend zu erweitern. Kündigungsrechte der ausführenden Landesvertretungen des Softwareanbieters sind einzuschränken, damit die Wartung lokaler Systeme nicht gefährdet wird.

3.1.1.3   MANGELNDE VERTRETUNGSMACHT

Für das transnationale Projekt ergeben sich Schwierigkeiten aus der mangelnden Vertretungsmacht lokaler Gesellschaften von Auftraggeber und Auftragnehmer. Aufgrund der rechtlichen Stellung der lokalen Gesellschaft kann in der Regel kein unternehmensweit gültiger Vertrag abgeschlossen werden.

Entweder die beteiligten Gesellschaften ermächtigen beziehungsweise verpflichten sich gegenseitig im Rahmen von Inter-Company-Verträgen, oder es müssen, wo dies nicht möglich, zweckmäßig oder zulässig sein sollte, die zuständigen Stellen der übergeordneten Unternehmensführung angerufen werden.

Langwierige Rahmenvertragsverhandlungen können den Ablauf des Projekts beeinflussen, weil die Planungsunsicherheiten vor Vertragsabschluß den Systementwurf und die Entwicklung beeinträchtigen.

Auf Seiten des Hardware- oder Softwareanbieters werden durch eine Rahmenvereinbarung in einem transnationalen EDV-Projekt interne vertriebliche und betreuungstechnische Zuordnungen verändert. Dieser Umstand kann zu Kommunikationsstörungen zwischen den lokalen Gesellschaften des EDV-Anbieters und den lokalen Gesellschaften des transnationalen Unternehmens und Wechselwirkungen mit anderen Projekten führen.

3.1.1.4   EIGENTUMS- UND URHEBERRECHTE

Nutzungs- und lizenzrechtliche Fragen betreffen hauptsächlich den Bereich einzusetzender Standardsoftware, Softwarewerkzeuge und Datenhaltungssysteme. Für die im Projektverlauf unter Beteiligung externer Dienstleister erstellte Software sind Eigentums- und Urheberrechtsfragen zu klären.

Nach der Zweckübertragungstheorie überträgt der Urheber bei urheberrechtlich geschützten Werken nur soviel an Rechten auf den Vertragspartner, als zur Erfüllung des Vertrages erforderlich ist.[19] Formalrechtlich wäre so nur die Nutzung der erstellten Software durch das konkret beauftragende lokale Unternehmen gestattet.

---

[19] Gemäß §31 V UrhG, Vgl. SCHNEIDER (1991c), S. 1435

In USA, Japan, Frankreich und Großbritannien wird erstellte Software entweder in Urhebergesetzen oder in Sondergesetzen geschützt. Die Regelungen sind uneinheitlich. Die EU-Richtlinie von 1991 sollte die bis dahin unterschiedliche Rechtsprechung innerhalb der Europäischen Union bis zum Jahre 1993 vereinheitlichen.[20] Die Umsetzung innerhalb der Länder geschieht unter Ausnutzung von Interpretationsspielräumen. Deshalb sollte die uneingeschränkte Nutzung und Weitergabe von lokal mit Hilfe Dritter erstellter Software an die projektbeteiligten Unternehmen vertraglich abgesichert werden.

3.1.1.5   INFORMATIONELLE MITBESTIMMUNG

Der Begriff „Informationelle Mitbestimmung" umfaßt die Einhaltung von Mitbestimmungs- und Datenschutzrechten. Das Bundesarbeitsgericht hat in zahlreichen Entscheidungen die Bedingungen definiert, „... unter denen auch **eine nicht unmittelbare** Überwachung der Mitarbeiter durch die Kombination von Datenfassung, Datenverwaltung und deren potentielle Auswertung u.U. **in verschiedenen Systemen** der Mitbestimmung unterliegt"[21].

Ein transnationales EDV-System wird zum Informationsaustausch und zur standortübergreifenden Arbeit an gemeinsamen Geschäftsvorgängen eingerichtet. Das Mitbestimmungsrecht und die Belange des Datenschutzes werden somit gleich zweifach berührt: durch die Möglichkeit der Datenauswertung im Land der Datenentstehung, und durch die Möglichkeit der Einsichtnahme und Auswertung der Daten durch ein anderes Land. Die informationelle Mitbestimmung ist nicht weltweit einheitlich geregelt.

„Die Einrichtung und der Betrieb von grenzüberschreitenden Netzen werden durch die Uneinheitlichkeit im Bereich des Datenschutze bzw. der Rechte an Information nicht gerade gefördert ..., weshalb internationale Regelungen für Rechnernetze und deren Betrieb gefordert werden."[22]

Das Land mit den engsten Regelungen zur informationellen Mitbestimmung – die vor der Planung der eigentlichen Datenorganisation ermittelt werden müssen – bestimmt so wesentlich über die Gestaltungsmöglichkeiten des transnationalen EDV-Systems.

---

[20]Richtlinie des Ministerrats über den Schutz von Computerprogrammen vom 14.5.1991, Abl. EG Nr L 122/42 (veröffentlicht am 17.5.1991).

[21] SCHNEIDER (1991d), S. 1391, Hervorhebungen durch den Verfasser.

[22] SCHNEIDER (1991d), S. 1390, zitiert GASSMANN, RDV 1989, S. 201

3.1.2 FINANZWIRTSCHAFTLICHE PROBLEMFELDER

Die finanziellen Mittel für ein transnationales EDV-Projekt müssen von mehreren Gesellschaften bereitgestellt und getragen werden. Dazu müßten in Abhängigkeit von Problembeschreibungen und Zielformulierungen des Projekts Investitionsvolumen und Aufwände ermittelt werden. Der Finanzbedarf eines transnationalen EDV-Projekts kann zu Beginn aufgrund unzureichender Zielvorgaben und divergenter Problemfelder der beteiligten Unternehmen nicht quantifiziert werden[23]. Die Durchführung eines transnationalen Projektes ist nicht das Ergebnis, sondern Teil der Problemfindung. Es kann nur ein benötigtes „Startkapital" geschätzt werden. Hauschildt formuliert dazu treffend:

„Gegeben muß schließlich eine Vorstellung von den Effekten sein, die durch unterschiedlich weite Problemdefinitionen im Zeitablauf ausgelöst werden. Dabei sind Erträge, Kosten, Opportunitätskosten, bei Ausgliederung und Kooperation auch Transaktionskosten zu bedenken. Die Bezifferung ist naturgemäß bei Innovationen kaum lösbar – man denke z.B. an die Schwierigkeiten der Quantifizierung von Opportunitätskosten bei Insellösungen. ... Auf monetäre Quantifizierung wird im Zweifel verzichtet werden müssen."[24]

Wird das EDV-Projekt – so wie in dieser Arbeit vorausgesetzt – von den Gesellschaften ohne zentrale Steuerung selbst getragen, müssen sie sich über die Kostenverteilung einigen. Die Bereitschaft zur Kostenübernahme hängt dabei von der individuellen Nutzenerwartung der Beteiligten ab. Jede Gesellschaft wird versuchen, sich so positiv wie möglich darzustellen, das heißt den Nutzen herunterzuspielen, um den belastenden Kostenanteil für sich zu senken.

3.1.2.1 INVESTITIONSENTSCHEIDUNGEN

Die Zentrale gibt in der Regel Standards für eine einheitliche EDV-Systemarchitektur vor. Der Grad der Unabhängigkeit der lokalen Entscheidungsträger bestimmt jedoch wesentlich über die tatsächliche Einhaltung der Standards. Heterogene EDV-Infrastrukturen können die Folge sein. Die zeit- und sachgerechte Bereitstellung und Aufteilung der benötigten Mittel zur Beschaffung der Systemarchitektur für das transnationale Projekt konkurriert mit den lokal geplanten oder bereits getätigten Investitionen für die Infrastruktur.

---

[23] Vgl. GASSMANN (1997), S. 180. Gassmann spricht von einer „Wolkenphase" der Projektinitialisierung und –konzeption.
[24] HAUSCHILDT (1997), S. 252

Um lokale Kosten zu minimieren, versuchen die projektbeteiligten Unternehmen, die eigene Infrastruktur zum Projektstandard zu erheben, oder zumindest die Nutzung vorhandener Systemarchitektur zur Rahmenbedingung für das Projekt zu machen.

Lokale Unterschiede in den Preisen, zu denen externe Dienstleistungen, Software und EDV-Systeme eingekauft werden können, stärken einerseits den Wunsch nach lokaler Unabhängigkeit bei Einkäufen, und führen aber andererseits zum Versuch eines zentralen, projektbezogenen Einkaufs im Land des günstigsten Anbieters mit anschließender Verteilung an die Gesellschaften.

Zentralen, projektbezogenen Einkäufen stehen im transnationalen Projekt rechtliche und organisatorische Hindernisse entgegen:

- Von den am Projekt beteiligten Unternehmen möchte keines die Gesamtkosten ohne klare Regelungen zur Weiterbelastung an die anderen übernehmen.

- Software– und Hardwareanbieter haben regionale Verkaufsstrukturen mit entsprechendem "Gebietsschutz": Die lokal zuständige Gesellschaft darf ihre Produkte nur zum lokalen Einsatz, nicht jedoch zur internen, überregionalen Weitergabe durch den Kunden verkaufen.

- Das transnationale Unternehmen ist ein Verbund rechtlich eigenständiger Unternehmen. Urheberrechte, Exportregelungen und Steuergesetzgebung behindern die Weitergabe von Erzeugnissen zwischen Unternehmen über Landesgrenzen hinweg.

3.1.2.2 AUFWANDSCHÄTZUNG UND BUDGETIERUNG

Eine realistische Aufwandschätzung von EDV-Projekten kann erst nach Definition der Projektziele und der Problemdefinition erfolgen. Zur Durchführung dieser Studien müssen bereits im Vorfeld des Projekts Mittel bereitgestellt werden. Das Projekt muß also bereits teilweise budgetiert sein, bevor eine Aufwandschätzung der Gesamtkosten vorliegt. Die Budgetrichtlinien und die monetären Zielvorgaben der Landesgesellschaften erschweren in der Regel eine Budgetierung unter solch unsicheren Rahmenbedingungen.

Mit der Einrichtung eines gemeinsamen Projektbudgets oder einzelner Budgets in Landesverantwortung müssen entsprechende Verrechnungsmechanismen definiert werden. Es sind Fragen der Autorisierung der Mittelverwendung, der Einrichtung einer gemeinsamen Projektkostenstelle bei einer Gesellschaft, und der Buchungsvorgänge zur Entlastung dieser Kostenstelle zu klären.

3.1.2.3 LEISTUNGSVERRECHNUNG

Eine Verrechnung von erbrachten Projektleistungen ist im transnationalen Projekt aus mehreren Gründen problematisch. Die sachliche Zuordnung des Aufwandes ist schwierig und kann in verschiedenen Gesellschaften aufgrund divergierender Rechnungslegung unterschiedlich ausfallen.

Die internationale Beteiligung an dem Projekt macht eine klare Trennung und gegebenenfalls Verrechnung von erbrachten und empfangenen Leistungen schwierig. Jede Gesellschaft wird einen Mittelrückfluß in Höhe ihrer Aufwendungen anstreben, um die Kosten weitgehend zu neutralisieren.

Die Leistungen, die im Rahmen des Projekts erbracht werden, können als „innerkonzernliche Dienstleistungen" aufgefaßt werden, „die ein Konzernteil für einen anderen Konzernteil erbringt[25]". Ein multinationales Unternehmen

„... läuft Gefahr wirtschaftlicher Doppelbesteuerung, wenn die Steuerbehörden im Land der ... Dienstleistungszentrale auf der Verrechnung bestimmter Kosten an ein ausländisches nahestehendes Unternehmen bestehen, die Steuerbehörden dieses Unternehmens aber

- Die Verrechnung **bestimmter** Kosten **nicht anerkennen** ...

- Die Verrechnung nicht anerkennen, weil **nach ihrer Auffassung** dem nahestehenden Unternehmen **kein tatsächlicher Vorteil** zugewendet wurde;

- Die Verrechnung nur teilweise anerkennen, z.B. **weil sie das Entgelt der Höhe nach bestreiten** (Beispiel: **Die Dienstleistung ist auf dem lokalen Markt zu einem niedrigeren Preis erhältlich)**"[26]

Verzögerungen bei der Abwicklung von Leistungsverrechnungen können zu Planungsunsicherheit, zeitlich stark variierenden Kostenbelastungen und in der Folge zu erheblichen Spannungen zwischen den projektbeteiligten Gesellschaften führen.

---

[25] BUNDESMINISTERIUM DER FINANZEN (1987), S. 77
[26] BUNDESMINISTERIUM DER FINANZEN (1987), S. 78; Das leistende Unternehmen wird als „Dienstleistungszentrale" bezeichnet. Hervorhebungen durch den Verfasser.

Die Projektplanung muß neben den allgemeinen Planungsgrößen von komplexen EDV-Projekten die Wechselwirkungen berücksichtigen, die sich aus der räumlichen Verteilung der Projektteams und dem Kooperationswillen der lokalen EDV-Abteilungen ergeben. Die Projektplanung kann durch mangelhafte Kooperations- und Kommunikationsbereitschaft beeinträchtigt werden.

Neben sachlichen Erwägungen spielen wirtschaftliche und psychologische Faktoren bei der Verteilung der globalen Aufgaben auf die Projektteams eine große Rolle. Mit dem Anspruch auf Teilnahme an der Entwicklung verbinden sich auch der Wunsch zur Optimierung des Mittelrückflusses aus der gegenseitigen Verrechnung von Leistungen.[84]

Jedes Projektteam erwartet, die Aufgaben für das eigene Unternehmen in Eigenverantwortung planen und durchführen zu können. Die unterschiedliche, auf die lokale Systemarchitektur ausgerichtete Ausbildung der EDV-Mitarbeiter und unzureichende Kenntnisse der Abläufe in den anderen Unternehmen erschweren die Zuweisung von „überregionalen" Aufgaben. Die notorische Ressourcenknappheit zur Erfüllung eigener Aufgaben mindert die Motivation, Enwicklungsaufgaben für andere Standorte wahrzunehmen.

Evolutionäres Projektvorgehen steht im Widerspruch zu den Bestrebungen lokaler Abteilungen, ihre Ressourcen stets optimal auszulasten. Der Wunsch der Abteilungen nach Planungssicherheit für ihre Mitarbeiter kann nur bedingt erfüllt werden.

Bei der Projektplanung „... taucht zudem stets die Fragestellung auf, inwieweit technologische Weiterentwicklungen während der Projektdurchführung in das bestehende Realisierungskonzept eingearbeitet oder vernachlässigt werden sollen. Der Mittelweg zwischen den Alternativen Kosten-/Termintreue und aktuellem Technologieniveau ist nicht immer leicht zu finden."[85]

Für die Planung und Durchführung des transnationalen Projekts ist die lokale Autonomie der Unternehmen in dieser Frage problematisch. Die diesbezüglichen Entscheidungsprozesse der Gesellschaften sind außerhalb des Projekts weder inhaltlich abgestimmt, noch zeitlich synchronisiert, so daß ein potentieller Konflikt unter Umständen zunächst nicht einmal wahrgenommen wird.

---

[84] Vgl. KORBMACHER (1991), S.4
[85] KORBMACHER (1991), S. 4

Investitionsentscheidungen, Auftragsvergaben und Terminplanungen können lokal bereits weit fortgeschritten sein, bis hin zur begonnenen lokalen Umsetzung, bevor das Projektteam davon Kenntnis erlangt. Eine Einflußnahme auf die lokale Planung ist schwierig und insbesondere rückwirkend kaum durchsetzbar. Im Vertrauen auf die normative Kraft des Faktischen kann dieses Vorgehen von projektbeteiligten Gesellschaften bewußt forciert werden, um eigene Vorstellungen in das Projekt einzubringen.

Sollen im Verlauf des Projekts sukzessive weitere Gesellschaften in das System integriert werden, entstehen „Transaktionskosten" als Folge der unzureichenden Beteiligung der hinzukommenden Gesellschaft an der Konzeption des ursprünglichen Projekts. Es müssen alle Stadien der Systementwicklung erneut durchlaufen werden, da nicht zu erwarten ist, daß der neue Standort einem bereits einbezogenen Standort in Informations- und Funktionsbedarf identisch ist.

Das transnationale System muß organisatorisch und technisch so konzipiert sein, daß funktionale Erweiterungen, die Übernahme von Datenbeständen aus Altsystemen und die Integration in den Datenaustausch mit möglichst geringem Aufwand durchgeführt werden können.

Bei der Einbindung eines weiteren Standortes müssen Prozeduren zum Austausch von Daten erweitert und Zeitschemata zur Datensicherung angepaßt werden. Anwendungen, Hilfesystem und Dokumentation sind in der neuen Sprachvariante zu erstellen. Dazu gehören insbesondere die Übersetzung von Schulungsmaterial und Handbüchern.

Die Höhe der Transaktionskosten in der Anfangsphase des Projekts und ihre Veränderung im Projektfortschritt aufgrund von Lerneffekten kann kaum quantifiziert werden.

Im Projektverlauf entwickelte spezifische Sprachregelungen und Arbeitsabläufe müssen parallel zur technischen Umsetzung vermittelt werden.

4.2.2 PROJEKTSTEUERUNG

Dezentrale und evolutionäre Systementwicklung erfordern eine besondere Flexibilität bei der Projektsteuerung. Um Verzögerungen durch langwierige Abstimmungsprozesse mit den Zeitvorgaben des Projekts und den beschränkten Ressourcen in Einklang zu bringen, müssen Entscheidungskompetenzen weitgehend zu den lokalen Teams delegiert werden[86].

Der Anstoß zum Projektfortschritt kann nur durch die lokalen Projektteams erfolgen. Zur Erfassung dieser Rückmeldungen sind Meldesysteme oder Abfragesysteme zu installieren. Evolutionäre und dezentrale Entwicklung basiert auf Selbstorganisation und erfordert letztlich Meldesysteme. Bei Meldesystemen müssen die Teilnehmer „... bereit sein, von sich aus ständig ihre Vorgangsdauerschätzungen zu überprüfen, gegebenenfalls zu korrigieren und der Projektleitung zu melden. Im allgemeinen hat sich aber in der Praxis gezeigt, daß der Kooperationswille nicht sehr hoch eingeschätzt werden sollte."[87]

Eine unmittelbare Fortschrittskontrolle des Gesamtprojekts ist durch die räumliche Entfernung zwischen den Projektteams, und die unterschiedlichen Phasen, in denen sich die Teilprojekte befinden, nicht möglich. Eine Konsolidierung der Teilprojektstati muß im Rahmen von Projektreview-Meetings erfolgen.

4.2.3 PROJEKTKONTROLLE

Zur Wirtschaftlichkeitskontrolle müssen uneinheitliche Kostenzuordnungen und Kalkulationsverfahren der beteiligten Gesellschaften abgeglichen werden.

Aufgrund von Unterschieden in den lokalen Preisen für externe Dienstleistungen, insbesondere bei der Softwareerstellung, kann die Verlagerung von Teilaufgaben in ein bestimmtes Land gefordert werden. Dieser häufig von lokalen Controllern vorgeschlagene Ansatz zur Kostenoptimierung kann sich im Widerspruch zu anderen Überlegungen der Projektplanung und –steuerung befinden.

---

[86] „Die Dezentralisierung kann nur dann von Erfolg sein, wenn die leitenden Kräfte einsehen, daß sie die Befugnisse, die sie den ihnen unterstellten Mitarbeitern übertragen haben, nicht für sich selbst behalten können." Primärquelle unbekannt, zitiert nach MADAUSS (1984), S. 14. (Dies gilt nach Meinung des Verfassers auch für dezentrale Systementwicklung, Anm. d.V.)
[87] SCHEER (1978), S. 176

Der hohe Grad der Autonomie und die räumliche Entfernung zur Zentrale führt im transnationalen Unternehmen häufig zu Abweichungen von den Standards zur Systemarchitektur. Um seine Investitionen zu schützen, versucht die lokale Gesellschaft die eigene Systemarchitektur zum Standard für das transnationale EDV-System zu machen. Gelingt dies nicht, wird die Forderungen nach der Nutzung lokaler Systemarchitektur erhoben.

Erfordert der Einsatz des EDV-Systems Änderungen oder Ergänzungen der lokalen Systemarchitektur werden Investitionen nötig. Das betroffene Unternehmen wird versuchen, diese Investitionen dem Projekt anzulasten und über das Projektbudget von den anderen Unternehmen mit finanzieren zu lassen. Es kommt zu ungeplantem Investitionsbedarf, wenn die Problematik erst im Projektverlauf erkannt wird.

Die Höhe von Schulungs-, Reise-, und Übersetzungskosten, und ähnlichen, kann nicht ex ante ermittelt werden. Es muß geklärt werden, ob diese Kosten als Projektgemeinkosten des EDV-Projekts umgelegt werden sollen, oder ob jede Gesellschaft die Kosten direkt trägt, und wer die Aktivitäten anordnen kann.

Die Unstetigkeit des evolutionären Projektvorgehens führt zu Opportunitätskosten aufgrund von geplanten und vorgehaltenen, aber nicht in Anspruch genommenen lokalen Kapazitäten und zu Dispositionskosten für das Einplanen anderer Aufträge.

Bei Kapazitätsengpässen und Reihenfolgeproblemen werden Kostenfunktionen nichtlinear und unstetig. So ist zum Beispiel die Anzahl notwendiger Wiederholungen bei der Prototypenerstellung unbestimmt und es ergibt sich die Frage, wie oft die Vorgängen eingeplant werden sollen.[88]

4.3 VERFÜGBARKEIT VON SOFTWAREPRODUKTEN

Sowohl bei der Entwicklung, als auch beim späteren Betrieb ist die Verfügbarkeit kompatibler Versionen von Softwareprodukten in den verschiedenen Ländern von Bedeutung. Die Softwareentwicklung eines für den Einsatz in verschiedenen Ländern vorgesehenen EDV Systems kann in der Regel zumindest für das Produktionssystem nur auf Produkte zurückgreifen, die in diesen Ländern in möglichst gleichen, mindestens aber kompatiblen Versionen verfügbar sind. Anderenfalls entstünden erhebliche Probleme bei Entwicklung, Wartung, Pflege und Weiterentwicklung des Systems.

---

[88] Vgl. SCHEER (1978), S. 187

Die Veröffentlichung von Softwareversionen durch den Hersteller erfolgt nicht immer zeitgleich in allen Ländern. Interne Strategieüberlegungen des Herstellers oder erforderliche lokale Anpassungen der Software können zu zeitversetzter Einführung führen. Dies ist für die parallele dezentrale Entwicklung des EDV-Systems problematisch. Die Entwicklung eines umfangreichen Anwendungssystems kann sich über einen langen Zeitraum erstrecken. Der Einsatz unterschiedlicher Versionen bei der lokalen Softwareentwicklung kann einen starken Einfluß auf den Fortgang der Entwicklungsarbeiten bis hin zur Notwendigkeit vollständiger Neuentwicklung betroffener Systemteile haben. Bei Projektbeginn getroffene Festlegungen über die einzusetzenden Softwareprodukte können vor diesem Hintergrund nicht verbindlich sein, sondern müssen regelmäßig überprüft werden.

4.4 AUSWIRKUNGEN AUF PROJEKTPHASEN

Lineare Phasenmodelle gehen von einer sequentiellen Folge aufeinander aufbauender Projektphasen auf, die in sich vollständig abgeschlossen sein müssen. Auch das Spiralmodell[89] hebt die Vorstellung von einer Abfolge von Analyse, Design und Realisierung nicht auf, sondern verfeinert das Vorgehen nur durch das wiederholte Durchlaufen der Phasen bei inkrementeller Fortentwicklung eines Gesamtsystems, gegebenenfalls unterstützt durch Prototyping. Die Prototypen dienen dabei in erster Linie zur Bewertung von Lösungsalternativen und sind nicht Bestandteile des Endproduktes.[90]

Das transnationale EDV-System ist weniger ein einheitliches Gesamtsystem, das inkrementell fortentwickelt wird, als vielmehr ein in viele Sub-Systeme zerfallender Verbund von lokalen Anwendungssystemen und Systemarchitekturen. Die Bestandteile eines transnationalen EDV-Systems müssen nach der Einführung von den lokalen Unternehmen an individuelle Bedürfnisse angepaßt, mit lokalen Sub-Systemen gekoppelt und in verschiedene Richtungen weiterentwickelt werden können, ohne das Funktionieren des Gesamtsystems zu beeinträchtigen. Die Entwicklung des „Basissystems" erfolgt weitgehend dezentral.

---

[89] Das Spiralmodell geht zurück auf BOEHM B.W. (1988), A spiral model of software development and enhancement, in: Computer, May 1988, S. 61-72, zitiert nach HESSE / WELTZ (1994), S. 24
[90] In Anlehnung an HESSE / WELTZ (1994), S. 24

Die Voraussetzungen für die Anwendung linearer Phasenmodelle sind im transnationalen Projekt nicht gegeben. Das Spiralmodell ist nur bedingt anwendbar. Lokale Varianten des Systems können von Dritten nicht bewertet werden. Die räumliche Trennung der beteiligten Unternehmen behindert eine kontinuierliche Verbesserung und zeitnahe Präsentation von Prototypen. Die praktische Umsetzung eines am Spiralmodell orientierten Vorgehens erforderte bei der technischen Komplexität des EDV-Systems, der Verzahnung einzelner Elemente des EDV-Systems mit lokalen Arbeitsabläufen im transnationalen Unternehmen sowie der organisatorischen Komplexität des Projekts sehr großen Aufwand.

Die innovativen und komplexen Projektaufgaben zur Entwicklung des EDV-Systems machen ein erweitertes Simultaneous Engineering – ergänzt um lokales Rapid Prototyping – erforderlich. Eingebettet in einen „evolutionären Systementwicklungsprozeß" müssen die lokalen Teams sukzessiv verbesserte Versionen der globalen und lokalen Software entwickeln.[91]

Die Bezeichnung „Projektphasen" kann daher im transnationalen EDV-Projekt, sondern nur im Sinne der begrifflichen Zusammenfassung gleichartiger Aktivitäten verwendet werden. Der exakte Status des Gesamtprojekts zu einem definierten Zeitpunkt an allen Orten ist kaum zu ermitteln. Die Komplexität des transnationalen EDV-Projekts ist den Projektteilnehmern, dem Management der beteiligten Unternehmen und dem Lenkungsausschuß nur begrenzt erklärbar, weil jeder Teilnehmer im transnationalen Unternehmen nur über eine singuläre und rudimentäre Sicht auf die insgesamt abzubildenden Arbeitsabläufe verfügt.

4.4.1 ANALYSE

Zieldefinition und Problemdefinition sind nicht dasselbe.[92] Zieldefinitionen machen vielmehr den Erfolg der Problemlösung meßbar. Selbst für den Fall, daß eine verbindliche, einheitliche Definition quantifizierbarer Ziele gelungen sein sollte, wird die Analyse der Problemfelder nicht obsolet. Bevor mit Entwurf und Entwicklung eines EDV-Systems begonnen werden kann, muß die zu lösende Problemstellung möglichst präzise definiert werden. Im transnationalen EDV-Projekt gilt jedoch: *"Problem solving involves not only search for alternatives, but search for the problems themselves."[93]*

---

[91] In Anlehnung an SCHOLZ (1997), S. 161 - 163

[92] Vgl. HAUSCHILDT (1997), S.247 ff.

[93] SIMON, H.A. (1962):The Decision Makeras Innovator, in: MAILICK, S./VAN NESS. E.H.(Hrsg.),Concepts and Issues in Administrative Behaviour, Englewood Cliffs, N.Y. ,1962, S. 66-69, zitiert nach HAUSCHILDT(1997), S.246

Im transnationalen Unternehmen handelt es sich dabei nicht um eine Menge gemeinsamer Probleme, sondern um eine Vielzahl einander überschneidender Problemmengen. Die Schnittmenge kann unterschiedlich groß sein. Aufgrund der unterschiedlichen Umwelten und Unternehmensrealitäten sind die Problemmengen nur in Ausnahmefällen kongruent.

Der Ablauf eines transnationalen Forschung- und Entwicklungsprojektes wird von Gassmann in zwei Phasen eingeteilt:[94]

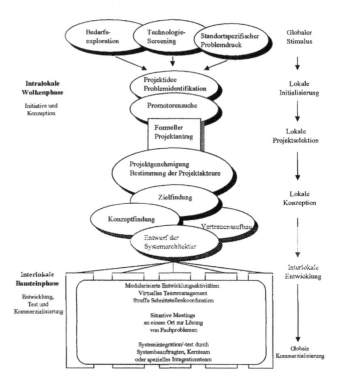

Bild 4.7:   Zweiphasenmodell transnationaler F&E-Projekte[95]

---

[94] Vgl. GASSMANN (1997), S. 181
[95] Quelle: GASSMANN (1997), S.

Zu Beginn steht eine „intralokale Wolkenphase" genannte Phase der gemeinsamen Problemidentifikation, Zielfindung und Sponsorensuche. Danach wird das Projekt aufgeteilt und dezentral in der „interlokalen Bausteinphase" entwickelt.[96]

Ein transnationales EDV-Projekt folgt dem gleichen Ablaufschema. Es unterscheidet sich aber durch eine wesentliche Eigenschaft von einem Forschungs- und Entwicklungsprojekt: Es wird kein einheitliches, kommerzielles Produkt für **externe** Kunden entwickelt, ohne das eigene Unternehmen zu verändern. Das System muß vielmehr „uneinheitlich", das heißt den lokalen Bedürfnissen angepaßt sein, und es beeinflußt die **internen** Arbeitsabläufe des Unternehmens nachhaltig.

In der Analysephase ist die Mitwirkung aller lokalen Know-how-Träger erforderlich. Die so entstandenen Anforderungsprofile der Unternehmen müssen auf Widersprüche untersucht und soweit wie möglich konsolidiert werden. Die Konsolidierung der Ergebnisse kann nur gemeinschaftlich erfolgen. Aus widersprüchlichen Forderungen muß ein konsensfähiger Entwurf eines möglichst großen gemeinsamen „Systemkerns" entstehen. Dieser Vorgang erfordert Kompromißfähigkeit und den Willen, Zugeständnisse im eigenen Unternehmen zu vertreten.

Verzerrungen durch die unterschiedliche Sprachfertigkeit der Teilnehmer in einer vereinbarten Projektsprache müssen vermieden werden. Besonders eloquent geschilderten lokalen Sachverhalten darf nicht unbewußt besonderes Gewicht bei der Aufstellung des Funktionenkatalogs des transnationalen EDV-Systems verliehen werden. Korbmacher schildert diese Beeinflussung im Tornado-Projekt:

„durch die ÜPO-Amtssprache Englisch wurden ÜPO-Inhalte besonders durch die englische Seite beeinflußt".[97]

Bei der Ermittlung und Konsolidierung der Anforderungen ergeben sich Probleme, die Sprague / McNurlin sehr treffend so zusammenfassen:

"It seems reasonable to expect that companies are eager to integrate their data and to provide 'a common formal language for communicating about business events'. We would expect companies to try to create enterprise-wide views of relevant data structures. Empirical investigations, however, show that this is not the case."[98]

---

[96] Vgl. GASSMANN (1997), S. 180ff.

[97] KORBMACHER (1991), S. 217

[98] SPRAGUE, R.H. / MCNURLIN, B. (1993): Information Systems Management in Practice. Third Edition, Englewood Cliffs, N.J. (1993), S. 208-212, zitiert nach STICKEL et al. (1996), S.35

In der Regel fehlen, sofern es sich um das erste Projekt dieser Art handelt, Unterlagen, aus denen objektiv und verbindlich der Istzustand der jeweiligen Informations-
strukturen und Arbeitsabläufe hervorgeht.

Die meisten Unternehmen haben kein dokumentiertes Unternehmensdatenmodell
oder realitätsnahe Beschreibungen von Arbeitsabläufen[99]. Das Vorhandensein eines
konsistenten Daten-, Funktions- und Prozeßmodells über die Abläufe in und zwischen den am Projekt beteiligten Unternehmen ist eher unwahrscheinlich. Nach
Tushman / Nadler besteht Unsicherheit in zweifacher Hinsicht:

"The first type is uncertainty in the sense that needed information is absent. The sec-
ond type is called equivocality. Equivocality means that there may be a couple of
possibly conflicting interpretations of a situation."[100]

Wird die Istanalyse in den Gesellschaften durch lokale Mitarbeiter durchgeführt,
muß zuvor eine gemeinsame Methodik und ein Katalog zu ermittelnder Sachverhalte
festgelegt und gegebenenfalls geschult werden, um die Ergebnisse konsolidieren zu
können.

In den beteiligten Unternehmen selbst sind häufig Dokumentationen zu Abläufen,
Datenstrukturen und Altsystemen nur lückenhaft, in Landessprache und unter unre-
flektierter Verwendung von gesellschaftsspezifischen Begriffsbedeutungen vorhanden. Die unterschiedliche Bedeutung homonymer und synonym verwendeter
Begriffe muß analysiert werden. Konsens über die Inhalte herzustellen, und ein gemeinsames Begriffslexikon zu erstellen ist ein von besonderer Bedeutung für die
Kommunikation im transnationalen Projekt und den Entwurf des EDV-Systems.

Die Verständigungsprobleme werden durch die Diskussion der Teilnehmer in einer
fremdem Sprache und durch Übersetzungsfehler aufgrund mangelnder Fachkenntnis
von Übersetzern noch vergrößert.

---

[99] Dies gilt auch für zertifizierte Abläufe, bei deren Formulierung häufig der Wunsch nach der Erlan-
gung des Zertifikats Vorrang vor der Dokumentation tatsächlicher Abläufe hat.
[100] TUSHMAN, M. / NADLER, D. (1978): Information Processing as an Integrating Concept in Organizational Design. Academy of Management Review Vol. 3, 3, July 1978, S. 613-624, zitiert nach
STICKEL et al. (1996), S.35

4.4.2 ENTWURF

Der Systementwurf des EDV-Systems kann nur versuchen, die Gemeinsamkeiten zu maximieren. Eine vollständige Vereinheitlichung wäre möglich, wenn die Divergenz und Komplexität der zugrunde liegenden fachlichen Abläufe vollkommen reduziert werden könnte. Das ist nicht möglich, weil die Gesellschaften des transnationalen Unternehmens ihre Arbeitsabläufe auf die unterschiedlichen Marktanforderungen ausrichten müssen.

Aus den divergierenden Anforderungen muß ein sehr flexibles Informationssystem entworfen werden, das die von allen Gesellschaften gemeinsam benötigte Funktionalität unterstützt, und darüber hinaus lokale Erweiterungen ermöglicht. Das Informationssystem muß darüber hinaus in der Lage sein, gleiche Funktionalität unterschiedlich zu präsentieren.

Das transnationale EDV-System wird von Endanwendern unterschiedlicher Nationalität bedient. Es kann nicht vorausgesetzt werden, daß diese Mitarbeiter polyglott sind oder eine gemeinsame Sprache erlernen werden. Eine Bedienung der Anwendungen über gemeinsam vereinbarte Symbole, realisiert zum Beispiel in Form von „Icons", ist bei Systemen oberhalb eines gewissen Komplexitätsgrades nicht möglich.

Sichten und Bedürfnisse von Anwendern mit gleichen fachlichen Funktionen an den verschiedenen Standorten sind nicht deckungsgleich. Unterschiedliche Bedürfnisse der Anwender wirken sich auf die Oberflächengestaltung, die Ablauflogik und die Präsentation von Informationen in den Anwendungen aus. Landesspezifische Geschäftsprozeße weisen Besonderheiten auf, die eine individuelle Sicht auf den Datenbestand sowie eine besondere Gestaltung der Interaktion des lokalen Anwenders mit dem Programm erfordern.

Informationen, die für eine Gesellschaft zur Abwicklung von Arbeitsabläufen wichtig sind, können für eine andere nebensächlich sein. Die in einem funktionalen Kontext gezeigten Dateninhalte und die Art der Darstellung der Informationen auf dem Bildschirm oder in Berichten muß lokalen Bedürfnissen angepaßt werden können. Die Dialogführung der Programme muß die unterschiedliche Gewichtung von Informationen berücksichtigen.

Die Anforderungen an ein flexibles Anwendungssystem in einem transnationalen Unternehmen sollen mit einem – stark vereinfachten – Beispiel aus Automobilindustrie illustriert werden:

Europäer kommunizieren über Automobile in der Regel mit Hilfe von Marken- und Typ-Angaben („BMW 525", „Audi 80"). In den USA sind dagegen Baujahr und Automarke wesentliche Identifikationsmerkmale („1995er Oldsmobile"). Die Call-Center Software für ein internationales Unternehmen zur Abwicklung von Reparaturaufträgen muß beide Dialogabläufe unterstützen. Um mit einem gemeinsamen EDV-System den fernmündlichen Dialog zwischen den lokalen Call-Centern und Kunden effektiv durchführen zu können, ist es erforderlich, daß:

1. Oberflächen und Bedienelemente der Software in Landessprache gehalten werden. In vielen Ländern, zum Beispiel Belgien, Kanada, und Teilen der USA, werden mehrere Sprachen gesprochen. Das lokale System muß interaktiv auf die Sprachen der jeweiligen Bediener umgeschaltet werden können,

2. das EDV-System nicht die Eingabe aller Informationen erzwingt,

3. die Informationen Marke, Typ, Baujahr unterschiedlich angeordnet sind, um schnell gesehen zu werden,

4. die Abfolge der Felder den lokalen Anwender nicht zum Betreten von Feldern mit „überflüssigen" Informationen zwingt. In zeitkritischen Anwendungen mindert selbst unnötiges Betätigen der „Enter-Taste" oder der Maus die Verwendbarkeit und Akzeptanz des Systems.

5. die Datenhaltung alle internationalen Automobiltypen vorhält. Die Abfrage darf aber nur diejenigen anzeigen, die in dem lokalen Markt vorkommen, ohne das der Anwender dies explizit vorgeben muß.

Struktur und Aufbau eines Anwendungsprogramms müssen an lokale Bedürfnisse adaptierbar sein und gleichzeitig standortübergreifendes Arbeiten ermöglichen. Es ergibt sich eine Struktur von individuellen „Präsentations-Bausteinen", die um einen möglichst großen gemeinsamen funktionalen Kern zu gruppieren sind.

Die Abbildung zeigt die Anforderungen an die Steuerung eines flexiblen Informationssystems:

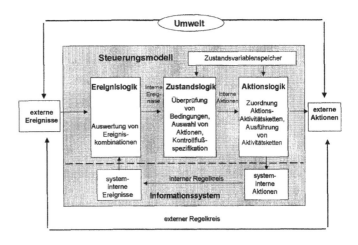

Bild 4.8: Steuerungsmodell eines Informationssystems.[101]

Der externe Regelkreis aus spezifischen Ereignissen und Aktionen der lokalen Umwelt und die interne Steuerung und die Reaktionsmöglichkeiten des Informationssystems, das heißt die „Varianten" des Systemverhaltens müssen definiert werden[102]. Im transnationalen EDV-System sind letztlich mehrere Sub-Systeme abzubilden.[103] Dabei ist auf technische Beschränkungen durch Komponenten der lokalen Systemarchitekturen zu achten.

4.4.3 ENTWICKLUNG

Die Richtlinien zur Entwicklung müssen definiert und den Entwicklern der lokalen Projektteams vermittelt werden.[104] Die Festlegungen können mit lokalen Richtlinien, dem "Look-and-Feel" vorhandener lokalen Anwendungssystemen und geübter Praxis der EDV-Abteilungen kollidieren.

---

[101] Quelle: HOFFMANN / WEIN / SCHEER (1994), S. 34
[102] In Anlehnung an HOFFMANN / WEIN / SCHEER (1994), S. 34
[103] Vgl. BISCHOFF (1981), S. 241-243
[104] Vgl. SUHR / SUHR (1993), S. 78

Die Entwicklung des Informationssystems erfolgt dezentralisiert und in Zyklen, wie sie die nachfolgende Abbildung darstellt:

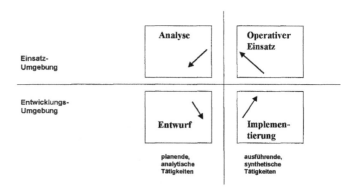

Bild 4.9:   Tätigkeiten eines Entwicklungszyklus.[105]

Die Geschwindigkeit, mit der ein Zyklus durchlaufen wird, bestimmt das lokale Team. Der Erfolg dezentraler Systementwicklung hängt wesentlich von der Selbstkontrolle, Integrations- und Kooperationsbereitschaft der lokalen Projektteams ab.[106]

Um bei dezentraler Entwicklung die Einsatzumgebung der lokalen Gesellschaft nicht zu belasten, muß an jedem Standort ein eigenes Entwicklungssystem eingerichtet werden. Dezentrale Entwicklung führt deshalb zu hohen Infrastrukturkosten.

---

[105] Quelle: HESSE / WELTZ (1994), S. 26

[106] Van Aken weist auf das „Pars-pro-toto"-Dilemma der Selbstkontrolle von Unterorganisationen hin:

"The possibilities of achieving integration of control through self-control are rather limited, due to a phenomenon ... called 'pars-pro-toto dilemma'. On the one hand it is in the best interests of the organization as a whole that it's suborganizations should aim at the protection of their own operations from external interferences (which refers to interferences both from outside the organization and from other suborganizations), i.e. the suborganizations should serve the 'pars'. On the other hand, their missions are in principle not ends in themselves, but should serve the organization as a whole: the suborganization should operate 'pro-toto'. The complexity of the interactions between the suborganizations and the conflicts between them due to diverging interests therefore generally require complementation of self-control by coordination to obtain the above-mentioned satisfactory overall behaviour." VAN AKEN (1978), S. 197

4.4.4 PROTOTYPING

Komplexität, Ambiguität und Unvollständigkeit der Problembeschreibung und des Systementwurfs können den lokalen Einsatz von Prototypen erfordern.[107] Ein Prototyping, bei dem die entworfenen Beispielsysteme bereits alle wesentlichen Merkmale des späteren Endproduktes aufweisen[108] erforderte im transnationalen EDV-Projekt jedoch zu großen zeitlichen und finanziellen Aufwand. „Rapid Prototyping" zur Ermittlung und Präzisierung von globalen und lokalen Anforderungen ist notwendig. Dabei können zur Darstellung derselben Funktionalität in den verschiedenen lokalen Präsentationsweisen mehrere Prototypen erforderlich werden. Lokales Festhalten am „eigenen" Prototyp und der Weiterentwicklung zu Lasten des Gesamtsystems muß verhindert werden. Prototyping darf nicht als „Code and Fix"-Verfahren mißverstanden werden[109].

4.4.5 DOKUMENTATION UND HILFESYSTEM

Anhand der Definition von Suhr / Suhr soll die Problematik der Projektdokumentation in transnationalen Projekten dargestellt werden:

„Die Dokumentation umfaßt alle Schriftstücke, die zur Erstellung, zum Betrieb und zur nachträglichen Änderung der Software nötig sind und die das Arbeiten der Benutzer mit der Software unterstützen. ....Die wesentlichsten Qualitätsanforderungen ... sind Korrektheit, Vollständigkeit und die Konsistenz"[110].

Lokale Dokumentationsstandards können nicht immer durch Projektstandards ersetzt werden. Sie können zum Beispiel Bestandteil einer vom lokalen Qualitätswesen vorgeschriebenen Richtlinie oder Gegenstand eines zertifizierten Ablaufs sein.[111] Dann muß die Projektdokumentation diesen verschiedenen Standards genügen.

Typischer Bestandteil lokaler Dokumentationsstandards ist die Abfassung aller Dokumente in der Landessprache. Darüber hinaus wird erwartet, daß alle wesentlichen Unterlagen des Projekts in die Landessprache übersetzt werden. Ob das im Rahmen des Projekts durch das Projektteam, durch die jeweilige Gesellschaft oder Dritte geschieht, muß vorab geklärt werden.

---

[107] Eine ausführliche Darstellung der Thematik bietet z.B. VONK (1990)

[108] Vgl. SCHOLZ (1997), S. 161

[109] Vgl. BOEHM B.W. (1988), Aspiral model of software development and enhancement, in: Computer, May 1988, S. 61-72, zitiert nach HESSE / WELTZ (1994), S. 24

[110] SUHR / SUHR (1993), S. 351

[111] Vgl. SUHR / SUHR (1993), S. 78

Bei evolutionärer und dezentraler Systementwicklung müßte die Dokumentation ständig aktualisiert und konsolidiert werden. Das Anwendungssystem ist auf lokale Anforderungen angepaßt und uneinheitlich. Die geforderte „Korrektheit, Vollständigkeit und Konsistenz" kann de facto nicht vor dem Abschluß des Projekts gewährleistet werden.

Zusätzliche Probleme ergeben sich aus Inkompatibilitäten eingesetzter technischer Hilfsmittel, zum Beispiel von Textverarbeitungssystemen und Graphiksoftware, die erkannt und überwunden werden müssen. Eine Vereinheitlichung der im Projekt einzusetzenden Softwareprodukte führt zu Investitions- und Schulungsbedarf.

Die Benutzerdokumentation soll den Benutzer bei der Handhabung der Anwendungsprogramme leiten. Die Anwendungsprogramme können lokalen Bedürfnissen folgend unterschiedlich zu bedienen sein. Layout und Dialogführung können verschieden sein. Bildschirmmasken, Hilfetexte, Wertelisten und andere Programmbestandteile liegen gegebenenfalls in mehreren Sprachvarianten vor. Es müssen entweder mehrere Benutzerdokumentationen, oder eine sehr umfassende Dokumentation für alle Varianten der Anwendungssoftware erstellt werden.

In zeitgemäßen Informationssystemen wird erwartet, daß Dokumentation und Hilfesystem den Benutzern als integrierte Bestandteile einer Online-Unterstützung verfügbar gemacht werden. Das Hilfesystem eines EDV-Systems umfaßt Fehlermeldungen von verschiedenen Komponenten, zum Beispiel von Softwareprodukten und der Anwendung selbst. Anwenderunterstützung in Form von "Online-Hilfe" verlangt kontextsensitives Anzeigen von Texten, mit der Möglichkeit in diesen Texten zwischen verschiedenen Ebenen zu wechseln. Mehrsprachige Anwendungen erzwingen in der Regel auch die Mehrsprachigkeit des Hilfesystems. Ist kein Standardwerkzeug dazu verfügbar, muß das Hilfesystem den Anforderungen des EDV-Systems gemäß individuell erstellt werden. Der Zusatzaufwand muß in die Planung einbezogen werden.

4.4.6 SYSTEMEINFÜHRUNG

Das transnationale EDV-System soll die internen und übergreifenden Abläufe von Gesellschaften an unterschiedlichen Standorten unterstützen.

Das System kann in Teilen oder vollständig zunächst an ausgewählten Standorten, oder zeitgleich an allen Standorten eingeführt werden. Bei der sukzessiven Einführungen ergeben sich Probleme in der Abwicklung überbetrieblicher Abläufe.

Die Auswahl der Standorte und der umzustellenden Abteilungen muß so repräsentativ sein, daß Rückschlüsse für das Funktionieren in anderen Umgebungen möglich sind. Mehrstufige Vorgänge, die die Beteiligung nicht umgestellter Standorte erforderten, müssen so isoliert werden, daß das System zufriedenstellend funktioniert.

Datenbestände des Altsystem sind vor der Einführung in das neue System zu überführen. Zusätzlich müssen gemeinsame, globale Datenbestände bereits vorhanden sein um das Funktionieren des Systems sicherzustellen. Diese Daten werden durch den operativen Betrieb an den umgestellten Standorten verändert. Kommen nach und nach weitere Gesellschaften hinzu, aus deren Altsystemen Daten übernommen werden, müssen die Veränderungen vor versehentlichem Überschreiben geschützt werden. Die Harmonisierung und Überführung der Altdatenbestände ist bei sukzessiver Einführung sehr aufwendig. Mehrfache Datenübernahme in das transnationale EDV-System kann erforderlich sein.

Wird das System zeitgleich an allen Standorten eingeführt, sind umfangreiche logistische Vorbereitungen zu treffen. Es müssen genügend Ressourcen zur lokalen Unterstützung der Anwender und EDV-Abteilungen verfügbar sein.

4.4.7 KONFIGURATIONSMANAGEMENT

Konfigurationsmanagement ist ein essentielles Problem bei der Entwicklung transnationaler EDV-Systeme. Konfigurationsmanagement betrifft den gesamten Lebenszyklus von der Entwicklung bis zur Wartung des produktiven Systems[112].

Die Problemfelder beim Konfigurationsmanagement im transnationalen Unternehmen sollen anhand der umfassenden Definition des Begriffes „Konfigurationsmanagement" des „Vorgehensmodell zur Entwicklung von Informationssystemen (V-Modell)" erläutert werden:

„... Konfigurationsmanagement (KM) stellt sicher, daß Softwareprodukte eindeutig identifizierbar sind, Zusammenhänge und Unterschiede von verschiedenen Versionen oder Varianten einer Konfiguration erkennbar bleiben und Produktänderungen nur kontrolliert durchgeführt werden können."[113]

---

[112] Vgl. DIN EN ISO 1007: Leitfaden für Konfigurationsmanagement, Berlin 1996; Eine vertiefende Darstellung zum Konfigurationsmanagement bietet SAYNISCH (1998), S. 40 - 45
[113] HANSEN (1996), S. 152

Das V-Modell nennt die Hauptaktivitäten KM-Initialisierung, Konfigurationsverwaltung, Änderungsmanagement, Datensicherung und KM-Berichtswesen. Die KM-Initialisierung regelt „... den organisatorischen und abwicklungstechnischen Rahmen im KM-Plan. Außerdem sind die Einsatzmittel (Produktbibliothek, Werkzeuge) bereitzustellen."[114]

Aus der Topologie des transnationalen EDV-Systems, der geographischen Verteilung von Systemkomponenten, der Heterogenität der lokalen Umgebungen und der lokalen Autonomie ergeben sich besondere Anforderungen an das Konfigurationsmanagement. Es lassen sich zwei Konstellationen unterscheiden:

1. Ein zentrales Management verwaltet ein heterogenes Netzwerk von dezentralen Systemen,

2. Dezentrale Systeme werden dezentral in lokaler Verantwortung betrieben.

Beim dezentralen transnationalen EDV-System in zentraler Verwaltung ergeben sich komplexe logistische und organisatorische Probleme bei der Synchronisation der Verteilung und der Installation von geänderten Applikationen in den verschiedenen sprachlichen Varianten.

Die zentrale Verwaltung muß über die Besonderheiten in Aufbau und Ablauf der verschiedenen Anwendungen informiert sein und mehrere Sprachen sprechen, um Benutzeranforderungen qualifiziert bewerten zu können. Stehen der Systemadministration an ihrem Standort nicht die Infrastruktur zum Test von Versionen und Varianten aller Konfigurationen zur Verfügung, oder haben sie nicht genügende Kenntnisse über die verschiedenen Programmausprägungen, müssen lokale Tests ausgelieferter Versionen in Zusammenarbeit mit lokalen EDV-Mitarbeitern durchgeführt werden. Der hohe Abstimmungsbedarf sowie Konflikte mit lokalen Prioritäten und Verantwortlichkeiten erhöhen den Zeitbedarf bis zum Vollzug aller lokalen Änderungen und zum vollständigen Update des Gesamtsystems.

Wird das Konfigurationsmanagement dezentraler Systeme in lokaler Verantwortung durchgeführt, erweitern sich die beschriebenen Probleme noch um Fragen der Koordination, der Zuständigkeit sowie einheitlicher Richtlinien für lokales Vorgehen.

Der Versuch einer zentralisierten Konfigurationsinitialisierung und -verwaltung, die Einsatzmittel festlegt und bereitstellt, Produkte und Konfigurationen verwaltet sowie Rechte vergibt[115] sieht sich erheblichen Widerständen gegenüber.

---

[114] HANSEN (1996), S. 152
[115] in Anlehnung an HANSEN (1996), S.152

Bewertungen, Genehmigungen oder Ablehnungen von Änderungen durch Dritte sind in den Abläufen der lokalen EDV- und Fachabteilungen des transnationalen Unternehmens nicht vorgesehen. Ablehnungen von Änderungen werden von den lokalen Anwendern nicht als verbindlich akzeptiert. Gleiches gilt für die Vergabe von Zugriffsrechten.

Uneingeschränkte Transparenz in Bezug auf Weiterentwicklungen, Änderungen und eingesetzte Werkzeuge liegt nicht im Interesse von Gesellschaften, die sich als Konkurrenten im transnationalen Unternehmen empfinden.

Ein zentrales Konfigurationsmanagement mit tatsächlicher Entscheidungsbefugnis über Änderungen, zentraler Vergabe von Zugriffsrechten, verbindlicher Planung der Umsetzung und tatsächlichen Weisungsbefugnissen gegenüber lokalen EDV-Mitarbeitern beschrieben, widerspricht der organisatorischen Struktur des transnationalen Unternehmens.

4.4.8 WARTUNG

Beim transnationalen EDV-System fallen Wartungsaufgaben für die lokalen Systemelemente, und globale Wartungsaufgaben zur Sicherstellung der Betriebsbereitschaft des Gesamtsystems an.

Da Teile des Systems bereits im Verlauf des Projekts in Betrieb gehen können, während andere Teile noch entwickelt werden, ist Wartung integraler Bestandteil des transnationalen Projekts. Wartungsaufgaben belasten zunächst die Projektteams. [116]

Im transnationalen Unternehmen gibt es keine Stelle, die von vornherein für die Wartung eines gemeinsamen EDV-Systems prädestiniert ist. Die Projektorganisation ist eine Organisation auf Zeit, die nach Projektende aufgelöst wird. Die Verantwortlichkeit für die globale und lokale Wartungsaufgaben muß vor Projektende geklärt sein. Der Standort, die Organisation und die Zuständigkeiten der globalen und lokalen Systemverwalter müssen zwischen den beteiligten Gesellschaften vereinbart werden.

Das transnationale EDV-System kann technisch als Zentralrechner-System (Host-System), als Netzwerk mehrerer gleichberechtigter Rechner oder als Mischform aus diesen beiden Topologien realisiert werden. Stellvertretend für alle realisierbaren Mischformen seien die Probleme bei der Realisierung der beiden Eckpunkte dieses Spektrums als transnationales EDV-System angeführt.

---

[116] Vgl. YOURDON (1992), S. 524-526

Ein Host-System vereinfacht Wartung und Konfigurationsmanagement in allen Abschnitten des transnationalen EDV-Projekts. Dem steht ein organisatorischer Nachteil für das transnationale Unternehmen gegenüber:

Das Host-System wird bei einer Gesellschaft installiert. Für die Gesellschaft, die das System für alle anderen betreibt, ergeben sich Wartungsaufwendungen für die Sicherstellung permanenter Betriebsbereitschaft. Diese Gesellschaft erhält jedoch auch eine gewisse Vorrangstellung und Machtposition gegenüber den anderen Standorten.[117]

Lokale Weiterentwicklungen des Systems können bei einer Zentralrechnerarchitektur nicht mehr ohne das „Betreiberland" durchgeführt werden. Das „Gleichgewicht" der Gesellschaften wird gestört. Die de jure bestehende lokale Autonomie der Gesellschaften innerhalb des transnationalen Unternehmens wird durch die Abhängigkeit von Zentralrechner de facto eingeschränkt.

Ein Projekt zur Einrichtung eines transnationales EDV-Systems fordert den beteiligten Unternehmen ein hohes Maß an Kompromißbereitschaft und Zusammenarbeit ab. Nach Ende des Projekts erwarten die Gesellschaften, vollständig in den Zustand lokaler Autonomie zurückversetzt zu werden. Dauerhafte Einschränkungen dieser Autonomie, die sich implizit aus Wartung und Konfigurationsmanagement eines transnationalen EDV-Systems ergeben, werden nicht ohne weiteres akzeptiert.

Die Wartungsorganisation selbst muß die Problematik eines aufgrund unterschiedlicher Zeitzonen der Länder permanent in Betrieb befindlichen Systems bewältigen. „Natürliche" Zeiträume für Wartung, etwa durch landesspezifische Feiertage oder Arbeitszeitregelungen, ergeben sich nicht. Die Betriebsbereitschaft umfaßt vielmehr die Geschäftszeiten aller angeschlossenen Unternehmen. Wartungszeiträume müssen entweder im Konsens definiert, oder durch Backup-Systeme technisch und organisatorisch ermöglicht werden.

---

[117] Vgl. CATHOMEN (1996), S. 46f.

5   TECHNISCHE PROBLEMFELDER DER PROJEKTREALISIERUNG

Probleme ergeben sich bei der technischen Realisierung und Erweiterung des EDV-Systems. Die Probleme entstehen durch Beschränkungen technischer Hilfsmittel und durch Mehrsprachigkeit, lokale Autonomie und räumliche Verteilung der Unternehmen. Auf die Möglichkeiten und Beschränkungen konkreter Hardware- und Softwareprodukte kann im Rahmen dieser Arbeit nicht eingegangen werden. Die Probleme werden abstrahiert dargestellt.

5.1   SYSTEMARCHITEKTUR DES TRANSNATIONALEN EDV-SYSTEMS

Unter Systemarchitektur wird "... die aufeinander abgestimmte Ganzheit der Architekturen von Hardware-, Software- und Netzen als Infrastruktur der Anwendungssysteme"[118] verstanden.

5.1.1   HETEROGENE SYSTEMARCHITEKTUREN

Problematisch für die Realisierung des transnationalen EDV-Projekts sind lokale Abweichungen bei wesentlichen Bestandteilen der Systemarchitektur, z.b. Rechner, Netzwerke und Betriebssysteme. Softwarekomponenten und Applikationen des EDV-Systems müßten auf mehreren Betriebssystemen ablaufen können. Hardware- und Netzwerkkomponenten des EDV-Systems müßten zu mehreren Systemumgebungen kompatibel sein. Dies ist technisch nur eingeschränkt möglich.[119]

5.1.2   NETZWERKE

Technische Unzulänglichkeiten des Netzwerks in Bezug auf Verfügbarkeit, Durchsatz und die Unterstützung von Mehrsprachigkeit beeinträchtigen die Realisierungsmöglichkeiten und die Funktionsweise eines transnationalen EDV-Systems.

Die Gesellschaften müssen zumindest zeitweise mit einem leistungsfähigen Wide-Area-Network (WAN) oder Global-Area-Network (GAN) verbunden sein, um mit dem transnationalen EDV-System arbeiten zu können. Verteilte Datenhaltung erfordert sogar ein permanent verfügbares Netzwerk. Bei asynchronem Datenaustausch oder der Übertragung von Softwareversionen im Rahmen des Konfigurationsmanagements ist eine hohe Durchsatzrate erforderlich.

---

[118] KÜTING (1993), S. 34
[119] Vgl. PAGE-JONES (1991), S. 26f.

Bei Netzwerkverbindungen zwischen heterogenen Systemarchitekturen muß die Umsetzung von Dateninhalten, zum Beispiel aufgrund verschiedener Codetabellen, sichergestellt sein. Ein mehrsprachiges Anwendungssystem mit idiomatischen Bildersprachen erfordert „Multi-Byte-fähige" Netzwerkprotokolle.

Die Nutzung des weltweiten Internets als Netzwerk des transnationalen EDV-Systems ist aus technischen, organisatorischen und sicherheitspolitischen Erwägungen kompliziert[120].

5.1.3 HARDWARE UND BETRIEBSSYSTEME

Die technischen Anforderungen an Hardware und Betriebssysteme von transnationalen EDV-Systemen sind Ausfallsicherheit, Offenheit bezüglich eingesetzter Softwarekomponenten, Skalierbarkeit und Kompatibilität. Das neue System muß mit lokal vorhandenen Systemen vernetzbar sein.

Offenheit und Kompatibilität sind problematisch, weil das transnationale EDV-System mit den heterogenen Systemarchitekturen anderer Standorte kommunizieren muß. Es muß eine Vielzahl von Softwarekomponenten und Standards unterstützt werden. So sind nicht alle Anwendungen unter verschiedenen graphischen Benutzeroberflächen auf allen Endgeräten, zum Beispiel Macintosh- oder MS-Windows-Clients, lauffähig.

Ohne Ausfallsicherheit sind standortübergreifende Arbeitsabläufe gefährdet. Verschiedene Hardware- und Betriebssystemarchitekturen unterstützen dazu unterschiedliche Konzepte, deren Funktionalität mit den anderen Komponenten des Gesamtsystems abgeglichen werden muß.

Vollständige Mehrsprachigkeit kann technisch nicht realisiert werden, weil lokale Peripheriegeräte, Terminal-Emulationen und graphische Oberflächen nicht alle Zeichensätze gleichzeitig unterstützen können. Die Umstellung von Zeichensätzen durch den Benutzer im Bedarfsfalle ist aufwendig und setzte Systemkenntnisse und Berechtigungen voraus.

Bei vollständiger mehrsprachiger Datenhaltung würden sich zum Beispiel aus der Verwendung von Akzenten der französischen Sprache oder Umlauten der deutschen Sprache Schwierigkeiten ergeben. In Frankreich eingegebene Daten könnten in Deutschland nicht abgefragt werden, weil die lokale Tastatur die nötigen Akzentzeichen zur Eingabe der Suchbegriffe nicht enthält.

---

[120] Vgl. BAUMEISTER (1998), S.22 – 29

Die gemeinsame Datenhaltung von idiomatischen Bildersprachen des asiatischen, arabischen oder semitischen Sprachraums ist technisch schwierig, weil diese Zeichen nicht in einem Byte darstellbar sind. Sie erzwingen „Multibyte-fähige" Datenhaltung, Datendarstellung, und -übertragung im gesamten transnationalen System. Darauf ist die existierende Systemumgebung der Gesellschaften in der Regel nicht eingerichtet.

Der Zeichenvorrat der verwendeten Dateninhalte muß soweit reduziert werden, daß alle Zeichen auch von allen Peripheriegeräten dargestellt werden können. Diese technischen Beschränkungen beeinträchtigen die Akzeptanz des EDV-Systems bei den Anwendern, die ein Anwendungssystem mit „falsch" geschriebenen Bezeichnungen als irritierend und primitiv empfinden.

5.1.4 SOFTWAREKOMPONENTEN

Die Stabilität und das Zusammenwirken der eingesetzten Softwarekomponenten sind kritische Erfolgsfaktoren des Projekts. Die Unterstützung der lokalen Arbeitsabläufe durch die Anwendungssoftware des EDV-Systems ist letztlich das für die Fachbereiche sichtbare Ergebnis, an dem das Gelingen des Projekts gemessen wird.

Die Organisation des Projekts erforderte eine vollständig verteilte Entwicklungsumgebung mit dezentralen „Data Dictionaries", automatischen Konsolidierungsmechanismen, mehrsprachiger Bedienbarkeit und flexiblen Strukturen und Abläufen, die an lokale Gegebenheiten angepaßt werden können.

Ein einheitliches Softwarewerkzeug, das diese Anforderungen erfüllt, existiert nicht. Bei der Projektrealisierung ergibt sich daher zunächst die Problematik, geeignete Werkzeuge zu finden, die wenigstens Teile dieser Anforderungen erfüllen und sie soweit wie möglich den tatsächlichen Bedürfnissen anzupassen.

5.1.4.1 ENTWURFS- UND ENTWICKLUNGSWERKZEUGE

Die Grenzen zwischen Entwurfs- und Entwicklungswerkzeugen sind fließend. Der Begriff „Entwurfswerkzeuge" soll hier zusammenfassend für Werkzeuge zur Daten-, Funktions- und Prozeßmodellierung sowie zum Design von Anwendungssoftware gebraucht werden.

Die Entwicklungswerkzeuge sollen die entworfenen Spezifikationen in Applikationen umsetzen. Der Begriff „Applikationen" wird hier als Oberbegriff für Batchprogramme, Dialogprogramme, Datenbankprozeduren und andere verwendet. Dazu ist eine möglichst vollständige Integration mit den Entwurfswerkzeugen erforderlich. Im Idealfall kann der Output des Entwurfswerkzeuges als Input des Entwicklungswerkzeuges verwendet werden. Die Integration von Entwurfs- und Entwicklungswerkzeugen ist jedoch nur eingeschränkt vorhanden.

Entwurfswerkzeuge unterscheiden sich in der Vielfalt der unterstützten Entwurfsmethoden und -techniken sowie im Grad der Unterstützung im Projektfortschritt. Bestimmte Werkzeuge sind als technische Hilfsmittel zur Anwendung einer vom Anbieter präferierten Methodik ausgelegt, andere unterstützen nur bestimmte Entwurfsphasen.

Im transnationalen Projekt sind die Standards und Vorgehensmodelle der beteiligten Gesellschaften zu berücksichtigen. Die Verfahren und Reports der Entwurfswerkzeuge können aber nur eingeschränkt lokalen Dokumentationsvorgaben angepaßt werden.

Selbst wenn sich die beteiligten Projektmitarbeiter und Abnahmegremien für den Systementwurf noch auf eine Projektsprache einigen konnten, wird für die Umsetzung in die Anwendungssoftware die Fähigkeit zur Erstellung mehrsprachiger Applikationen benötigt.

Prinzipiell lassen sich mehrsprachige Anwendungen auf zwei Arten realisieren:

Die gleiche Programmfunktionalität kann in jeweils eigenständigen Programmen mit Oberflächen in unterschiedlichen Sprachen entwickelt werden. Dieses Vorgehen wird von einigen Entwurfs- und Entwicklungswerkzeugen unterstützt. Die Anzahl möglicher Sprachen ist jedoch begrenzt.

Die zweite Möglichkeit ist die Entwicklung von sprachlich neutralen „Meta-Applikationen". Die folgende Abbildung zeigt ein vereinfachtes Beispiel:

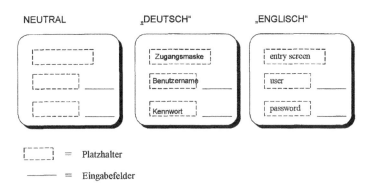

NEUTRAL   „DEUTSCH"   „ENGLISCH"

Zugangsmaske   entry screen

Benutzername   user

Kennwort   password

= Platzhalter

———— = Eingabefelder

Bild 5.10:   Neutrale „Meta-Applikationen".

Die Struktur von „Meta-Applikationen" besteht aus „Platzhaltern" anstelle von fest vorgegebenen Feldbezeichnern. Die Platzhalter werden zur Laufzeit mit dem jeweiligen Sprachinhalt gefüllt. Die eigentlichen Feldbezeichner werden in den benötigten Sprachen in besonderen Datenstrukturen im Datenhaltungssystem abgelegt. Sie werden anhand der ebenfalls hinterlegten sprachlichen Präferenzen des Anwenders zur Laufzeit eingefügt.

Menübäume, kontextsensitive Hilfetexte und Fehlermeldungen, Kommentare und Hinweise in der Applikation, die Beschriftungen von Buttons, „Radio Groups" und anderen Bedienungselementen müssen in der gleichen Weise sprachunabhängig gestaltet werden.

Kommen weitere Sprachen hinzu, zum Beispiel durch die Anbindung weiterer Gesellschaften in das EDV-System, brauchen nur die Feldbezeichner übersetzt und hinterlegt zu werden. Die Applikation selbst bleibt unverändert lauffähig.

Die Flexibilität von „Meta-Applikationen" wäre für das transnationale System erforderlich. Mehrsprachigkeit in Ländern wie Belgien oder Kanada bedingt die Notwendigkeit, mehrere Sprachversionen an einem Standort vorrätig zu halten. Die tatsächlich benötigte Sprachvariante entscheidet sich letztlich erst zur Laufzeit aufgrund der Sprache des Benutzers.

Das Konfigurationsmanagement wird nicht mit der Verwaltung von Applikationen belastet, die im eigentlichen Sinne nur Sprachvarianten sind.

Das EDV-System kann sukzessive an verschiedenen Standorten eingeführt werden. Bei der Systemeinführung müssen nicht bereits alle Sprachvarianten vorliegen.

Zur Entwicklung von „Meta-Applikationen" ist erheblicher manueller Programmieraufwand erforderlich, weil die technischen Möglichkeiten von Entwurfs- und Entwicklungswerkzeugen zu beschränkt sind, um sprachunabhängige, in ihrer Steuerung und in ihrem Verhalten variable Applikationen zu erstellen.

Alternative landesspezifische Programmabläufe können nur als eigenständige Applikation entworfen und generiert werden. Mehrsprachige Varianten von Applikationen gleicher Funktionalität müssen ebenfalls als eigenständige Applikationen deklariert werden.

Da jede durch spezifische lokale Anforderungen bedingte Ablaufänderung nur in einem eigenen Programm realisiert werden kann, und von jedem gemeinsam benötigten Programm alle Sprachvarianten getrennt erstellt werden müssen, entsteht eine kaum zu beherrschende Vielzahl von Anwendungsprogrammen.

Für die Entwicklung eines transnationalen Systems bleiben letztlich nur zwei Alternativen.

Entweder die technischen Beschränkungen der Entwurfs- und Entwicklungswerkzeuge werden als Determinanten für die Funktionalität akzeptiert. Die Anforderungen des transnationalen Unternehmens an das System werden der zur Verfügung stehenden Technologie so weit wie möglich angepaßt.

Oder die Anforderungen werden aufrechterhalten. Dann wird die Verwendbarkeit von Entwicklungswerkzeugen auf die Generierung elementarer Prototypen oder Programmierentwürfe reduziert. Die weitgehend manuelle Entwicklung des Systems verlängert die Dauer und erhöht die Kosten des Projekts.

5.1.4.2 KONFIGURATIONSMANAGEMENT-WERKZEUGE

Werkzeuge zum Konfigurationsmanagement unterstützen heterogene und verteilte Umgebungen nur eingeschränkt. Die Konsolidierung verteilter Entwicklung ist nur möglich, wenn an den gleichen Applikationen nicht parallel entwickelt wird.

Anwendungssysteme bestehen aus einer Vielzahl von Elementen, die im Kontext verwaltet werden müssen. Dazu gehören unter anderem der Sourcecode der Anwendungen, Dateien, Prozeduren in aktiven Datenbanken und zugehörige Dokumente.

Die Abhängigkeiten zwischen Anwendungsprogrammen und Prozeduren in aktiven relationalen Datenbanken, zum Beispiel „Stored Procedures" oder „Functions" können von vielen Konfigurationsmanagement-Werkzeugen nicht verwaltet werden.

Im transnationalen Projekt liegen die Applikationen in verschiedenen Sprachvarianten und lokalen Versionen vor. Die Dokumentation ist in unterschiedlichen Formaten und Sprachen abgefaßt. Es werden Entwicklungs- und Entwurfswerkzeuge verschiedener Softwareanbieter verwendet. Die Verwendung inkompatibler Werkzeuge und Dokumentenformate an den verschiedenen Standorten macht eine automatische Konsolidierung von Ergebnissen unmöglich.

5.1.5 DATENHALTUNGSSYSTEME

Die räumliche Trennung der die Daten verwaltenden beteiligten Unternehmen, die unterschiedlichen Nutzungsprofile und die Mehrsprachigkeit der Anwender stellen hohe Anforderungen an die Datenhaltung im transnationalen System.

Das transnationale EDV-System muß Anwendern an räumlich entfernten Standorten Informationen unter Beachtung lokaler Konventionen in der benötigten Qualität und Menge zeitgerecht zur Verfügung stellen können.

Bestimmte Teilmengen des Gesamtdatenbestandes können landesspezifisch, andere von globalem Interesse sein.

Die Daten sind gegen Beschädigungen und unbefugten Zugriff abzusichern. Das Datenhaltungssystem muß sicherstellen, daß „... die Daten stets aktuell, vollständig, korrekt und widerspruchsfrei sind."[121]

5.1.5.1 LANDESSPEZIFISCHE DATENHALTUNG

Die technische Unterstützung landesspezifischer Konventionen ist in einem transnationalen System nur eingeschränkt möglich. Daten können nicht in beliebigen Darstellungen und Formaten in verschiedenen Ländern eingegeben und von anderen Ländern ausgewertet werden.

---

[121] KÜTING (1993), S. 67

Datumsformate und Zahlen werden in verschiedenen Ländern unterschiedlich dargestellt. Ihre Ein- und Ausgabe muß den lokalen Konventionen angepaßt werden können. Alphanumerische Zeichen unterliegen landesspezifischen Sortierkriterien, die nicht der binären Sortierung in Computern entspricht. In Deutschland werden Begriffe mit Umlauten einsortiert, in Schweden erst nach dem ‚Z' aufgeführt. Hinzu kommen innerhalb derselben Sprache linguistische Sortierungsunterschiede, wie zwischen der Telefonbuch-Sortierung nach DIN 5007 und der lexikalischen Duden-Sortierung.

Worte werden in europäischen Sprachen von links nach rechts, in arabischen Sprachen von rechts nach links, und in asiatischen Sprachen von oben nach unten geschrieben.[122]

Zahlenangaben mit landesspezifischen Maßeinheiten, zum Beispiel Volumen, Raumoder Längenmaße, müssen entweder parallel vorgehalten, oder mit Hilfe von Umrechnungsverfahren zur Laufzeit in die lokale Dimension umgewandelt werden.

Werden „Meta-Applikationen" erstellt, müssen die variablen, sprachbezogenen Dateninhalte mehrsprachig gespeichert werden.

Wertelisten zur Benutzerführung gehören zu den Minimalanforderungen in modernen Anwendungsprogrammen. Daraus ergibt sich ein erheblicher Mehraufwand für die Datenhaltung und eine hohe Komplexität für die Programmlogik. Sollte in einem Feld beispielsweise eine bestimmte Menge von Farben als Feldinhalt zulässig sein, so müssen anstelle einer einfachen sprachlichen Aufzählung ("rot, gelb, blau") entweder abstrakte Werte (Ziffern, Symbole oder Abkürzungen), oder eine von der Sprache des Benutzers abhängige Liste zulässiger Werte ("red, yellow, blue") angeboten werten.

Diese Variabilität kann nur angeboten werden, wenn die in relationalen Datenbankmanagementsystemen vorhandenen Mechanismen zur Sicherung von Wertemengen, zum Beispiel die Definition von „Domains" und „Constraints", nicht verwendet werden. Die Absicherung der Datenintegrität durch manuell entwickelte Prozeduren vergrößert die Komplexität des Systems.

---

[122] die vorstehende Darstellung erfolgt in Anlehnung an ORACLE (o. J.)

5.1.5.2 DATENVERTEILUNG

Werden gemeinsame Datenbestände über mehrere Rechner verteilt, erhöht sich die Komplexität der Datenverwaltung. Konsistenz und Datenintegrität müssen über mehrere Datenhaltungssysteme hinweg aufrecht erhalten werden, Daten müssen zwischen den Systemen ausgetauscht werden.[123] Der Datenaustausch zwischen EDV-Systemen kann vereinfachend in die Phasen

- Datenauswahl und Datenbereitstellung auf dem Quellsystem,
- Datentransport,
- Datenimport
- Konsolidierung mit den lokal vorhandenen Daten auf dem Zielsystem

unterteilt werden.

Die Datenbestände beider Systeme müssen nach Beendigung des Datenaustausches konsistent sein.

Der skizzierte Ablauf kann aufgrund von Inkompatibilitäten und Leistungsbeschränkungen von Netzwerken, Hardware- und Softwarekomponenten nicht zwischen allen lokalen Systemarchitekturen implementiert werden.

Verteilte Datenbanksysteme führen alle Teilschritte synchronisiert innerhalb einer Transaktion durch. Die Technik verteilter Datenbanktransaktionen setzt eine permanent verfügbare Netzwerkverbindung und kompatible Datenbankmanagementsysteme voraus. Datenbankmanagementsysteme verschiedener Anbieter sind nur mit Einschränkungen kompatibel. Die Konsistenz beider Datenbanken bei einem Scheitern der Transaktion ist trotz vieler Vorkehrungen, zum Beispiel der „Two Phase Commit" Strategie, nicht gewährleistet.[124]

Wenn im transnationalen Unternehmen kein permanent verfügbares Wide-Area- oder Global-Area-Netzwerk betrieben wird, muß der Datenaustausch asynchron erfolgen. Datenbanksysteme enthalten nur rudimentäre Mechanismen zur Konsolidierung asynchron ausgetauschter Datenbestände. Die technische Unterstützung aller Teilschritte des Datenaustauschs muß manuell programmiert werden.

---

[123] Vgl. STÜRNER (1993) S.269 - 334
[124] Vgl. STÜRNER (1993), S. 327 - 334

Die Standorte des transnationalen Unternehmens befinden sich in unterschiedlichen Zeitzonen. Es müssen gemeinsame „Ruhephasen" ermittelt werden, damit ein Datenaustausch erfolgen kann, ohne den lokalen Tagesbetrieb zu stören. Müssen innerhalb eines transnationalen Systems mit Standorten in Asien, Australien und Europa größere Datenvolumina ausgetauscht werden, ergeben sich ausreichend lange „Ruhephasen" kaum.

Eine permanente Verfügbarkeit der Datenübertragungswege und der vernetzten Systeme ist technisch nicht realisierbar. Störungen von Datenübertragungen in Netzen technologisch weniger entwickelter Länder erschweren den Datenfluß. Lokale Systeme mit individuellen Wartungsintervallen sind zu unterschiedlichen Zeiten abgeschaltet.

Technische Probleme standortübergreifender Datenverteilung können nur minimiert werden. Eine vollständige Lösung aller Probleme dezentraler Datenhaltung in einer „Update-anywhere-Umgebung" ist ohne einschränkende Bedingungen in Bezug auf die Datenmanipulation prinzipiell nicht möglich.

5.1.5.3 DATENHOHEIT

Im transnationalen System können Beeinträchtigungen bei der Ausübung der Datenhoheit erhebliche Konflikte zwischen den beteiligten Gesellschaften hervorrufen. Ihre technische Abbildung ist daher ein Schlüsselproblem bei der Erstellung des transnationalen EDV-Systems. Der Begriff „Datenhoheit" wird hier im Sinne von Verwendungsbeschränkungen und Zugriffsrechten auf Daten gebraucht.

Datenhoheit über lokale Daten kann in einem verteilten kommerziellen EDV-System jedoch nicht vollständig technisch abgesichert werden. [125]

Besondere Schwierigkeiten ergeben sich, wenn die betroffenen lokalen Daten in direkter Beziehung und Abhängigkeit zu globalen Daten stehen. Die Abbildung dieser Abhängigkeiten beeinflußt sowohl Datenstrukturen als auch Schlüsselkonzepte.

Die Manipulation von Daten läßt sich technisch, zum Beispiel durch Vergabe von Zugriffsrechten oder Rollenkonzepten, beschränken. In verteilten Datenbanksystemen kann ein lokaler Datenbankadministrator jedoch praktisch alle implementierten Sperren aufheben.

---

[125] Vollständiger Datenschutz nach den Vorgaben des ‚Orange Book' des National Computer Security Centers (NCSC) kann nur mit speziellen Hard- und Softwarekomponenten realisiert werden. Zu den Problemen „sicherer" Datenhaltung vgl. STÜRNER (1993) S. 251 - 258

5.1.5.4 DATENSICHERUNG

Datensicherung ist bei verteilter Datenhaltung nur mit Einschränkungen in Bezug auf konsistentes „Recovery" durchführbar.

Verteilte Datenhaltung an verschiedenen Orten führt immer zu Unsicherheiten über den optimalen Sicherungszeitpunkt des lokalen Systems, weil sich Daten gerade „zwischen" den Systemen befinden können. Bei verteilten Datenbanken ist dies die Dauer von Transaktionen, die mehrere lokale Datenbanken einbeziehen. Bei asynchronen Austauschverfahren, bei denen Daten extrahiert, zum anderen System übertragen und dort importiert werden, ist der Zeitraum bis zur vollständigen Konsolidierung mit den lokalen Datenbeständen kritisch.

Die Datensicherung eines Teilsystems kann nur in Ausnahmefällen wirklich den konsistenten Datenbestand zu einem Zeitpunkt konservieren. Eine Sicherung des Gesamtsystems wäre nur in Koordination aller beteiligten Gesellschaften in gemeinsamen Ruhezeiten möglich, die es bei weltweit verteilten Systemen praktisch nicht gibt.

5.2 ABLÖSUNG VON ALTSYSTEMEN

Bei der Ablösung von Altsystemen müssen Datenbestände in das transnationale System überführt werden. Wichtige lokale Funktionen des Altsystems müssen im neuen System nachgebildet werden, obwohl die neue Technologie dies eventuell nur mit vermehrtem Aufwand ermöglicht. Die Oberflächen müssen lokalen Anforderungen gemäß gestaltet werden.

In einer Übergangsphase, in der – abhängig von der Einführungsstrategie – durch Parallelbetrieb des alten und neuen Systems Doppelarbeit für alle Beteiligten anfällt, müssen die technischen und organisatorischen Voraussetzungen geschaffen und Schulungen durchgeführt werden.

Die besondere Problemstellung beim transnationalen EDV-Projekt ergibt sich aus der Notwendigkeit, unter Umständen mehrere Altsysteme, die sich in Datenstrukturen, Aufbau, Technologie und Funktionen unterscheiden, in ein gemeinsames neues System überführen zu müssen.

Die zeitliche Planung dieser Aktivitäten ist mit lokalen Planungen, etwa zur Vermeidung saisonaler Aktivitätsspitzen oder zur Nutzung von in lokalen Projekten gebundenen Ressourcen abzustimmen.

Neben organisatorischen und technischen Fragestellungen nehmen lokale betriebs-wirtschaftliche Rahmenbedingungen, zum Beispiel auslaufende Leasing- und War-tungsverträge für Altsysteme, Einfluß auf die Planung.

5.2.1 UNTERSCHIEDLICHE SCHLÜSSELSYSTEME

Die Altsysteme verwenden unterschiedliche, den lokalen Bedürfnissen und Möglich-keiten angepaßte Schlüsselsysteme.

Sind die Altsysteme in Informationsflüsse zu anderen lokalen Systemen eingebun-den, lassen sich diese Schlüssel nicht ohne weiteres ersetzen. Das transnationale Sy-stem muß das Altsystem beim Datenaustausch mit anderen Systemen emulieren.

Enthalten diese Schlüssel als sogenannte „sprechende Schlüssel" über den reinen Identifikationscharakter hinaus wichtige Informationen, müssen diese Informationen auch vom neuen System den Anwendern weiter zugänglich gemacht werden.

Aufgrund der besonderen Bedeutung einer im Schlüssel abgebildeten Information ist davon auszugehen, daß dies nicht in Form einer einfachen Abbildung als Attribute, sondern in prominenter Form als "Hilfsschlüssel" mit zusätzlichen Sortier- und Suchmöglichkeiten geschehen muß.

Neben der Etablierung neuer Schlüsselbegriffe müssen die Schlüssel der Altsysteme, zum Beispiel über „Cross-Referencing", weiter verwendet werden können. Daraus ergeben sich Konsequenzen für Datenhaltung und Applikationsgestaltung.

5.2.2 DATENÜBERNAHME VON LOKALEN ALTSYSTEMEN

Die Informationen in den verschiedenen Altsystemen sind lokalen Bedürfnissen, Sprachen und Konventionen entsprechend gespeichert.

Die lokalen Datenhaltungssysteme können in Umfang, Organisation, Datenstrukturen und Inhalten erheblich voneinander abweichen. Da gemeinsame Geschäftsfelder und standortübergreifende Arbeitsabläufe existieren, sind die Datenbestände jedoch nicht disjunkt.

Bei der Datenübernahme in ein transnationales System müssen gleiche Inhalte er-kannt werden, obwohl sie in verschiedenen Datenstrukturen, unterschiedlicher For-matierung und Sprache vorliegen. Die Daten sind anschließend zu einem konsistenten Datenbestand zu harmonisieren.

Hilfsprogramme zur Unterstützung dieser Vorgänge müssen erst entwickelt und realisiert werden. Das Erkennen von Konflikten, der inhaltliche Vergleich von Daten und die anschließende Harmonisierung können von technischen Routinen jedoch nur sehr eingeschränkt unterstützt werden. Sie erfordern manuelles Eingreifen durch fachkundige Anwender aller Standorte.

5.2.3 FUNKTIONSÜBERNAHME VON LOKALEN ALTSYSTEMEN

Die Funktionalität der lokalen Altsysteme waren im Idealfall optimal auf die besonderen Bedürfnisse des jeweiligen Standortes angepaßt. Von einem neuen System wird die gleiche oder bessere Unterstützung fachlicher Arbeitsabläufe erwartet.

Aufgrund ihrer unterschiedlichen Verwendung und Historie unterscheiden sich die Altsysteme in der verwendeten Technologie, der Art der Nutzung, und den implementierten Schnittstellen zu anderen lokalen Systemen.

Programme zur Unterstützung an sich gleichartiger Vorgänge können in sehr unterschiedlicher Weise realisiert worden sein.

Das transnationale EDV-System muß eine Vielzahl von Funktionen möglichst flexibel abbilden. Gelingt es nicht, substantielle Kompromisse bei der Definition der Funktionalität zu finden, muß das neue EDV-System eine Vielzahl von Funktionen von den Altsystemen übernehmen, die mit der eigentlichen Problemstellung nicht in Einklang steht, und in der Zieldefinition nicht festgelegt wurde.

Die Forderung nach dem „größten gemeinsamen Nenner" ist eine wesentliche Belastung für Planung, Entwurf und technische Projektrealisierung.

Dies gilt um so mehr, wenn nicht alle Anforderungen zu Beginn des Projekts erkennbar sind, weil zum Beispiel entweder die Dokumentation der abzulösenden Altsysteme nicht oder nur unvollständig vorliegt, oder die Projektbeteiligten die Relevanz derartiger Informationen für das transnationale EDV-System nur unzureichend erkennen.

6 ZUSAMMENFASSUNG UND AUSBLICK

Im Zeitalter der Globalisierung versuchen immer mehr Unternehmen sich die Vorteile einer transnationalen Organisationsstruktur zunutze zu machen. Dabei sehen sie sich erheblichen Problemen gegenüber.[126]

Die Durchführung von EDV-Projekten in transnationalen Unternehmen ist eine besondere Aufgabe. Sie steht im Spannungsfeld heterogener Ziele, Kulturen, und weitgehend autonomer Unternehmen.

Das transnationale Unternehmen ist nicht ein, sondern viele Auftraggeber zugleich.

In Anlehnung an das Zitat von Adler kann man paraphrasieren: "The three fundamental differences between transnational and domestic EDP-projects are geographic dispersion, multiculturalism and local autonomy."[127]

Die Entwicklung einer informationstechnischen Basis für die Zusammenarbeit von gleichzeitig konkurrierenden und kooperierenden Unternehmen erfordert einen extremen technischen und organisatorischen „Spagat" zwischen dem Notwendigen und dem tatsächlich Realisierbaren.

Die rasante Weiterentwicklung der Informationstechnologie wird die Beschränkungen heutiger Hardware- und Softwareprodukte weiter minimieren. Erste Produkte zur Unterstützung weltweiter, verteilter Systementwicklung sind bereits erhältlich. Probleme der Kommunikation und Koordination werden durch die ständige Weiterentwicklung von Telekommunikations- und Netzwerktechnologien immer weiter reduziert. Die Kommunikationstechnik erfährt durch das globale Internet Erweiterungen, die noch vor Jahren für Utopie gehalten wurden.

Letztlich geht es bei der Durchführung eines transnationalen Projektes jedoch um das Zusammenarbeiten von Menschen unterschiedlicher Wert- und Zielvorstellungen. Diese Zusammenarbeit kann durch den Einsatz moderner Technik gefördert, aber nicht erzwungen werden.

Die Erkenntnis Machiavellis, daß jeder „Neuerer mächtige Feinde an denen hat, die von der alten Ordnung Vorteile haben, aber nur laue Verteidiger an denen, die von der neuen Ordnung profitieren"[128] behält auch im Computerzeitalter ihre Gültigkeit.

---

[126] Vgl. BÖTTCHER(1996), S. 334 - 340

[127] In Anlehnung an ADLER (1991), S. 14

[128] Sinngemäß zitiert nach MACHIAVELLI (1961), S. 54f.

LITERATUR

ADLER, Nancy J. (1991):

International Dimensions of Organizational Behavior, 2. Aufl., Boston, MA 1991

AKEN VAN, J.E. (1978):

On the control of complex industrial organizations, Leiden Boston London 1978

BALZERT, Helmut (1982):

Die Entwicklung von Software-Systemen. Prinzipien, Methoden, Sprachen, Werkzeuge, in: Böhling, K.H./Kulisch, U./Maurer, H.: Reihe Informatik Bd. 34, Mannheim Wien Zürich 1982

BARKER, Richard (1990):

CASE Method. Tasks and Deliverables, in: Oracle Corporation UK Limited (Hrsg.) (1990), Computer Aided Systems Engineering, Workingham et al. 1990

BAUMEISTER, Johann (1998):

Verteilte Systeme und Internet. Kaum weniger Komplexität, in: Datenbank Fokus B !1671 F, Juni !998

BISCHOFF, Rainer (1981):

Probleme der Flexibilität und Standardisierung bei der Gestaltung Computergestützter Informationssysteme, in: Frese, Erich / Schmitz, Paul/ Szyperski, Norbert (Hrsg.) (1981): Organisation, Planung, Informationssysteme. Festschrift für Erwin Grochla zu seinem 60. Geburtstag, Stuttgart 1981

BJØRN-ANDERSEN, Niels/EASON, Ken/ROBEY, Daniel (1986):

Managing Computer Impact. An International Study of Management and Organizations, in: Ginzberg, Michael J. (Hrsg.), Computer-Based Information Systems in Organizations, New Jersey 1986

BÖTTCHER, Roland (1996):

Global Network Management. Context - Decision-making - Coordination, in: Macharzina, Klaus et al. (Hrsg.): mir-Edition. Management International Review, Wiesbaden 1996

BUNDESMINISTERIUM DER FINANZEN (1987):

Verrechnungspreise und Multinationale Unternehmen. Drei steuerliche Sonderprobleme. Berichte des OECD-Steuerausschusses 1984, Bundesminister der Finanzen (Hrsg.), Köln 1987

CARL, Notger/KIESEL, Manfred (1996):

Unternehmensführung. Moderne Theorien, Methoden und Instrumente, Landsberg/Lech 1996

CATHOMEN, Ivo (1996):

Der Lebenszyklus von Interorganisationssystemen, Lohmar Köln 1996

DEBUS, Thomas (1998):

Internationales Projektmanagement. Eine besondere Herausforderung, in: it Management, 5. Jg., Januar 1998, S. 67-71

DICHTER, Ernest (1996):

Erfolgsfaktoren für Führungskräfte. Entscheidungsfindung, Planung. Kreativität, Motivation, Teamarbeit. Düsseldorf 1996

DIN EN ISO 10007 (1996):

Leitfaden für Konfigurationsmanagement, Berlin 1996

DUHNKRACK, Thomas (1984):

Zielbildung und Strategisches Zielsystem der Internationalen Unternehmung, in: Seminar für Allgemeine Betriebswirtschaftslehre der Universität Hamburg Der Geschäftsführende Seminardirektor (Hrsg.), Schriftenreihe des Seminars für Allgemeine Betriebswirtschaftslehre der Universität Hamburg, Göttingen 1984

GASSMANN, Oliver (1997):

Internationales F&E-Management. Potentiale und Gestaltungskonzepte transnationaler F&E-Projekte, München Wien 1997

GROETSCHEL, Eberhard (1989):

Matrixprojektorganisation. Bedingungen für den erfolgreichen Einsatz in Indu-
striellen Großunternehmen, in: Picot, Arnold/Reichwald, Ralf (Hrsg.), Unter-
nehmensentwicklung. Information, Kommunikation, Organisation, München
1989

GRUPP, Bruno (1989):

Zusammenarbeit zwischen Fachabteilungen und EDV. Spielregeln, Partner-
schaft, Benutzerakzeptanz, in: Grupp, Bruno (Hrsg.), Schriftenreihe Praxis der
EDV-Organisation, Köln 1989

HANSEN, Hans R. (1996):

Wirtschaftsinformatik I. Grundlagen betrieblicher Informationsverarbeitung,
in: Bea, F.X./Dichtl, E./Schweitzer, M. (Hrsg.), Grundwissen der Ökonomik.
Betriebswirtschaftslehre, 7. Aufl., Stuttgart Jena 1996

HARRIS, Phillip R./MORAN, Robert T. (1979):

Managing Cultural Differences, Houston 1979

HAUSCHILDT, Jürgen (1997):

Innovationsmanagement, 2. Aufl., München 1997

HERZWURM, Georg/HIERHOLZER, Andreas/KUNZ, Michael (1994):

Eignung konventioneller und objektorientierter CASE-Tools zum Aufbau eines
Qualitätsmanagementsystems nach ISO 9000, in: IM Information Management, 9. Jg., Heft 03/1994, S. 72-76

HESSE, Wolfgang/WELTZ, Friedrich (1994):

Projektmanagement für evolutionäre Software-Entwicklung, in: IM Information Management, 9. Jg., Heft 03/1994, S.20-32

HOFFMANN, Wolfgang/WEIN, Ralf/SCHEER, August-W. (1994):

Flexible Gestaltung der Steuerung von Informationssystemen, in: IM Information Management, 9. Jg., Heft 02/1994, S. 32-36

KIESER, Alfred/KUBICEK, Herbert (1992):

Organisation, 3. Aufl., Berlin New York 1992

KORBMACHER, Eva-Maria (1991):

Organisationsstrukturelle Problemfelder im überbetrieblichen Projektmanagement, in: Barth, Klaus et al. (Hrsg.), Duisburger Betriebswirtschaftliche Schriften, Bd. 1, Hamburg 1991

KRALLMANN, Hermann (1996):

Systemanalyse im Unternehmen. Geschäftsprozeßoptimierung, Partizipative Vorgehensmodelle, Objektorientierte Analyse, 2. Aufl., München Wien 1996

KRALLMANN, Hermann/PIETSCH, Thomas (Hrsg.) (1992):

Systeme der Informationsverarbeitung. Instrumente und Konzepte für Manager, Wiesbaden 1992

KÜTING, Heinz (1993):

Informatik-Planung, Informatik-Management. Strategien und Methoden zur Innovation im Unternehmen. Düsseldorf 1993

LANG, Franz (1996):

ISO 9000. Schritt für Schritt zum Vertrauen zwischen Marktpartnern, Düsseldorf München 1996

LAY, Rupert (1992):

Über die Kultur des Unternehmens, Düsseldorf et al. 1992

MACHIAVELLI, Niccolo (1961):

Der Fürst, Stuttgart 1961

MADAUSS, Bernd-J. (1984):

Projektmanagement. Ein Handbuch für Industriebetriebe, Unternehmensberater
und Behörden, 2. Aufl., Stuttgart 1984

ORACLE Deutschland GmbH (Hrsg.) (o.J.):

National Language Support in ORACLE7. Eine Übersicht für Entscheidungsträger, München o.J.

PAGE-JONES, Meilir (1991):

Praktisches DV-Projektmanagement. Grundlagen und Strategien; Regeln, Rat-
schläge und Praxisbeispiele, München Wien 1991

PERLITZ, Manfred (1995):

Internationales Management, in: Bea, F.X./Dichtl, E./Schweitzer, M. (Hrsg.):
Grundwissen der Ökonomik. Betriebswirtschaftslehre, 2. Aufl., Stuttgart Jena
1995

PIETSCH, Wolfram/TAUDES, Alfred (1994):

Groupware Support for Interorganizational Courseware Development. A Case
Study, in: IM. Information Management, 9. Jg., Heft 03/1994, S. 12-18

RÜHLI, Edwin (1996):

Unternehmensführung und Unternehmenspolitik Bd. 1, 3. Aufl., Bern Stuttgart
Wien 1996

SARTRE, Jean-Paul (1981):

Drei Essays. Mit einem Nachwort von Walter Schmiele, Frankfurt/M. Berlin
Wien 1981

SAYNISCH, Manfred (1998):

Transparenz ins Konfigurationsmanagement, in: IT Management 7/98, S. 40-
45

SAUERBREY, Gerhard (1989):

Betriebliche Organisation im Informationszeitalter, Heidelberg 1989

SCHEER, August-W. (1978):

Projektsteuerung, in: Jacob, Herbert (Hrsg.), Betriebswirtschaftliche For-
schungsergebnisse, Wiesbaden 1978

SCHNEIDER, Jochen (1991a):

Projektverantwortung und Systemgestaltung, in: Bullinger, Hans-J. (Hrsg.),
Handbuch des Informationsmanagement im Unternehmen. Technik, Organisation, Recht, Perspektiven, Bd. II Teil H, München 1991

SCHNEIDER, Jochen (1991b):

Recht und Informations- und Kommunikationstechnik - eine Einführung, in:
Bullinger, Hans-J. (Hrsg.), Handbuch des Informationsmanagement im Unternehmen. Technik, Organisation, Recht, Perspektiven, Bd. II Teil H, München
1991

SCHNEIDER, Jochen (1991c):

Schutz der Rechte an Software und Know-how, in: Bullinger, Hans-J. (Hrsg.),
Handbuch des Informationsmanagement im Unternehmen. Technik, Organisation, Recht, Perspektiven, Bd. II Teil H, München 1991

SCHNEIDER, Jochen (1991d):

Zuverlässigkeit, Verträglichkeit, Verletzlichkeit, Haftung, in: Bullinger, Hans-
J. (Hrsg.), Handbuch des Informationsmanagement im Unternehmen. Technik,
Organisation, Recht, Perspektiven, Bd. II Teil H, München 1991

SCHNEIDER, Kurt (1981):

Organisation der internationalen Unternehmung, in: Wacker, Wilhelm H. /
Haussmann, Helmut/ Kumar, Brij (Hrsg.) (1981): Internationale Unternehmensführung. Managementprobleme international tätiger Unternehmen. Festschrift zum 80. Geburtstag von Eugen Hermann Sieber, Berlin 1981

SCHOLZ, Christian (1997):

Strategische Organisation. Prinzipien zur Vitalisierung und Virtualisierung,
Landsberg/Lech 1997

SCHOPPE, Siegfried et al. (1995):

Moderne Theorie der Unternehmung, München Wien 1995

STAEHLE, Wolfgang H. (1994):

Management. Eine verhaltenswissenschaftliche Perspektive, 7. Aufl., München
1994

STICKEL, Eberhard et al. (1996):

A Business Process Orientated Approach to Data Integration, in: König, Wolfgang et al. (Hrsg.) (1996): Distributed information systems in business, Berlin
et al. 1996

STÜRNER, Günther (1993):

Oracle 7. Die verteilte semantische Datenbank, 3. Aufl., Weissach/Württ. 1993

SUHR, Rini/SUHR, Roland (1993):

Software Engineering. Technik und Methodik, München Wien 1993

TERTILT, Erich A. (1978):

Management und EDV. Eine Analyse des Interface-Gap zwischen Management und EDV-Spezialisten, in: Pack, Ludwig/Wagner, Helmut (Hrsg.),
Schriften zur theoretischen und angewandten Betriebswirtschaftslehre, Wiesbaden 1978

VONK, Roland (1990):

Prototyping. The effective use of CASE technology, Hertfordshire 1990

YOURDON, Edward (1992):

Moderne Strukturierte Analyse. Ein Standardwerk zur modernen Systemanalyse, 1. Aufl., Attenkirchen 1992

Craig,

We had even more pressing tasks to do in the first place.
The launching for Europe for both tools was postponed for various reasons.
C2S will not even be launched before 2000.
What are your launching dates in NAFTA?
When is the deadline to finish the job for the ARCTIC team to allow data extraction for your media production in time?

(Yes, I would appreciate your list of missing colours)

Kind regards,
Thomas

Von: Craig J Mc Clanahan
An: thomas.schneberger@coatings.basf.org
Cc: Paul W Marshall; Cynthia J Frank
Betreff: Global Master Launch
Datum: Dienstag, 20. April 1999 16:19

Thomas,

We are preparing for the launch of Global Master here in North America and see
that the ARCtIC work has not yet been completed. Would you please provide us
with a brief status report. Here is what we found.

C2M The relations for US L55 have not been made but we can initially publish
the Color Tool microfiche with the Euro L55 Color Information. However, we have
found 27 colors from the original system without formulas. We can send you the
list if you would like. When will the color relations be established for US L55?

C2S The UNO formulas look okay but the L22 formulas are basically not there
(only 192 present). There are 904 Euro Diamont formulas and only 358 L55
formulas. Is the matching not complete in this paint line (L55/Diamont)? The
tool contains 1592 colors.

Best Regards,

Craig and Cyndy

Diplomarbeiten Agentur

Die Diplomarbeiten Agentur vermarktet seit 1996 erfolgreich
Wirtschaftsstudien, Diplomarbeiten, Magisterarbeiten, Dissertationen
und andere Studienabschlußarbeiten aller Fachbereiche und Hochschulen.

Seriosität, Professionalität und Exklusivität prägen unsere Leistungen:
- Kostenlose Aufnahme der Arbeiten in unser Lieferprogramm
- Faire Beteiligung an den Verkaufserlösen
- Autorinnen und Autoren können den Verkaufspreis selber festlegen
- Effizientes Marketing über viele Distributionskanäle
- Präsenz im Internet unter **http://www.diplom.de**
- Umfangreiches Angebot von mehreren tausend Arbeiten
- Großer Bekanntheitsgrad durch Fernsehen, Hörfunk und Printmedien

Setzen Sie sich mit uns in Verbindung:

Diplomarbeiten Agentur
Dipl. Kfm. Dipl. Hdl. Björn Bedey −
Dipl. Wi.-Ing. Martin Haschke ——
und Guido Meyer GbR ———

Hermannstal 119 k ————
22119 Hamburg ———

Fon: 040 / 655 99 20 ———
Fax: 040 / 655 99 222 ———

agentur@diplom.de ———
www.diplom.de ———

Diplomarbeiten **Agentur**

www.diplom.de

- **Online-Katalog**
  mit mehreren tausend Studien

- **Online-Suchmaschine**
  für die individuelle Recherche

- **Online-Inhaltsangaben**
  zu jeder Studie kostenlos einsehbar

- **Online-Bestellfunktion**
  damit keine Zeit verloren geht

Wissensquellen gewinnbringend nutzen.

Wettbewerbsvorteile kostengünstig verschaffen.